認知・言語理論から日本語教育実践へ

——類推タスクアイデア 29——

JN064309

はじめに

　本書は、日本語教育に関心のある方や教員志望の学生に向けて執筆したものです。加えて、既に日本語教師や教員として活躍されている方、ボランティアで実践を積んでいる方にも多様な観点から再考するきっかけを与えられたらと思っています。

　編著者はこれまで日本語教師や学校教員に対する国内外のさまざまな研修会で講師を務めてきました。研修会では、長い間教師をされてきた方から、「理論から教育を考える機会がなかった」「これまで実践したことに不安を覚えていたが、理論からその意義を確認できた」といった感想を聞くことがあります。また編著者が教鞭をとる大学の授業でも、学部生や院生は認知言語学の理論やバイリンガルの理論を机上の空論のようにしか感じられず、いざ日本語教育の実習やインターンとなると理論と実践を結びつけて考えることができないようです。理論も事実や教育実践の蓄積の中から生まれたものであるのに、実践とはかけ離れた学術の知識として頭の中にしまい込んでしまうのでしょう。実際に、理論に基づいて教育を考えていなかったために教員が間違った判断や指導をしてしまうこともあります。

　本書は、理論編とタスク編の二部構成となっています。理論編では、認知言語学や第二言語習得の理論の基礎を主に扱っています。初めて理論を学ぶ人でも容易に読めるように、テーマごとに細かく区切ってかつ簡潔に説明しています。続く、29のタスクは、認知言語学の理論的な考え方を活かして作成したものです。

　編著者は、そもそも言語とは何なのか、そして言語の知識がどのように存在し、どのように習得されるのかという、人間と言語との関係性や言語の本質に焦点を当てて考えることが重要なのではないかと思っています。

本書の特徴とする認知言語学の理論を学ぶことで、ことばの教育にあたる者は、新しい視点や認識を得るに違いありません。

　認知言語学とは人間の認知と言語との関係を研究する学問分野です。ラネカーは人間と外界との関係や人間の身体性との関係から言語現象を説明し、言語が人間の営みとの相互作用から出来上がっていることを示しました（Langcker 1987）。そんな認知言語学の用法基盤モデルとは、人間は認知能力に基づいて言語習得が進んでいくという考え方です。この理論は、英語の第一言語習得研究から生まれたもの（Tomasello 2003等）ですが、編著者の研究（橋本 2011, 2018等）において、日本語の第一および第二言語習得においても有効であることを実証的に示しました。この理論を提唱したトマセロは、主にチンパンジーやオランウータン、ゴリラといった大型類人猿の知性に関する研究を行い、こういった霊長類との比較研究を行うことで人間の言語を生み出す認知能力について研究を深めました。言語に特化した生得的言語能力を想定せずに、人間が普段使用している一般の認知能力によって言語が習得されていくという理論です。

　また、第二言語習得理論に関しては、第一言語習得とは異なる点を明らかにし、どのように第二言語習得が進んでいくのか、そしてどのような指導が習得を促進するのかについて述べました。指導にあたる者は、第二言語習得の様相を捉えることで、実際に教育を行う際のヒントが得られると思います。

　認知言語学の理論からは、言語の本質や言語習得に必要な能力について学び、そして第二言語習得に関する理論からは、母語とは異なる言語の習得とその教育に関する知識を得ることで、実践に活かしていただければと思います。

　本書後半のタスク編では、前半で論じた理論から実践への橋渡しとして、語彙、構文ごとに、言語の習得に必要である比較、類推、抽象、カテ

ゴリー、連合、合成といった一般認知能力がどのように関連し、それらの能力をどのように活性化させたらよいのかを示しています。学習者が楽しんで取り組めるようなタスクを考え、学習テーマごとに29のタスクゲームを紹介していますが、タスクに取り組むためには基礎知識が必要であるため、タスクの前に知識の説明と問題を載せました。ごく限られた簡単なものですから、そこから拡げて教えていただけたらと思います。

　また、本書前半で述べた理論を、実際どのように教育や具体的なタスクに落とし込んだらよいのかを考える例でもあります。単純なものもありますので、そこからもっとアイデアを発展させてみてください。さらに、既にご自身が考案されたタスクをお持ちの方は、理論との関係性やタスクがどのような認知能力を伸ばすものとなっているのかをあらためて見直すためにご活用いただければ幸いです。

　本書後半のタスク編については、編著者の研究室修了生である大竹文美さん、安田佳実さんとアイデアを出し合って仕上げたものです。長い間お付き合いいただき、感謝しています。

　最後に、本書の出版にあたり、春風社の下野歩さん、永瀬千尋さんには、構想段階から完成に至るまでたくさんのご助言をいただきました。ここに御礼申し上げます。

2023年1月

編著者　橋本ゆかり

contents

理論編

橋本ゆかり・著

第1章　日本語教育の概要

1.　日本語教育の役割と機能

1.1　日本語教育学という学問分野

　日本語教育学という学問分野は、中学校や高校にはない科目なので、あまり馴染みがないかもしれません。日本語教育とは、文字通り日本語を教えることを意味しますが、簡単に言うと、次のようなことを学んで追究します。

　　1）日本語がどのような言語なのか

　　2）日本語が第二言語としてどのように習得されるのか

　　3）日本語をどのように教えたら効率的か

　日本語は国語と同様のものだと考え、その違いについては深く考えたことのない人が多いかもしれません。国語ということば自体は、その国の人々が広く使用する言語を意味します。国が違えば、「国語」は日本語以外のものを指し、イギリスだったら英語、ブラジルだったらポルトガル語となるわけです。対して「日本語」は、日本語を母語としない人が学ぶ際の言語名といえます。外国語を母語とする学習者が勉強するのは日本語ということになります。実際に、国語教育と日本語教育の内容はかなり異なります。

　また、日本語母語話者であれば、日本語を簡単に教えられると思っている人は少なくないでしょう。しかし、ほとんどの人が無自覚のまま母語を身につけているので、日本語しか知らない人は、日本語の特徴を把握できていません。実際に、ネイティブではない日本語教師の方が教え方がわかりやすいということもあります。日本語を第二言語として学習した人は、母語とは異なる日本語の特徴を客観的に捉え、かつ学習者がぶつかる日本語の難しさを知っているからです。

　概ね単一民族国家であるといわれる日本で生活していると、他の言語と密に触れる機会は多くありません。中学になって英語を本格的に学習し始めたという人がほとんどかと思いますが、そこで初めて日本語が特殊な言語であることに気づいたはずです。ただし、違いに気づいても、日本語の

文法を教えるのは大変難しいです。例えば、「友だちと会う」と「先生に会う」と「会う」という同じ動詞を使う表現であっても、助詞は「と」と「に」と異なります。なぜそのように使い分けるのでしょうか。「お風呂へ入る」ではなく「お風呂に入る」と言うのはなぜでしょうか。「学校へ行く」と「学校に行く」では何が違うと思いますか。また、「は」と「が」の使い分けも説明できますか。「むかしむかし、おじいさんとおばあさんがいました。おじいさんは山へ芝刈りに、おばあさんは川へ洗濯に行きました」といった昔話の冒頭においても、「は」と「が」が使用されています。外国の人にどのように説明しますか。日本語教育を勉強すればするほど、その奥深さと体系性に気づき、興味が湧くはずです。

● Q1　「友だちと会う」と「先生に会う」では何が違うでしょうか。

● Q2　「お風呂に（へ→×）入る」と言うのはなぜでしょうか。

● Q3　昔話の「おじいさんとおばあさんが」と「おばあさんは」と助詞の「が」と「は」を使い分けているのはどうしてでしょうか。

※Qの解答（A）は次のページの欄外にあります（以下、同）

1.2　海外における日本語教育

　日本語教育は、世界を結びつけているともいえます。戦後の高度経済成長期～安定期には日本企業に就職したいというビジネス目的の日本語学習熱が高まった時代もありましたが、近年では、日本のアニメ、漫画、ドラマ、歌といったサブカルチャーが人気となり、それが日本語学習需要の大きな誘因となっています。世界の主要国では、大学に日本語学部があったり、小中高等教育機関の選択科目として日本語が教えられていたりします。日本語の専門学校もあります。

　国際交流基金（JF）は、国際文化交流を実施する日本で唯一の専門機関ですが、1972年に外務省所管の特殊法人として設立され、2003年10月 1 日

に独立行政法人となり
ました。世界に多くの
拠点をもち【図 1】、
日本と世界との絆をは
ぐくむため、「文化」
と「言語」と「対話」
の場を提供していま
す。

図 1　国際交流基金の世界の拠点（国際交流基金 HP より）

　同機関では、日本語
教育の知識を活かして海外で活躍できる場も用意しています。世界の多様
な地域に日本語の専門家を、アジア諸国には日本語パートナーズを派遣し
ています。日本語パートナーズは、アジアの中学・高校などで日本語教師
や生徒のパートナーとなり、授業のアシスタントをしたり、日本文化の紹
介を行ったりしています。また、日本の政府開発援助（ODA）を一元的
に行う実施機関である独立行政法人国際協力機構（JICA／ジャイカ）で
は、開発途上国に向けて海外協力隊を派遣しています。これらの人々は、
任期を終えてからも、グローバル人材としてさまざまな分野で活躍してい
ます。

　近年、至るところでグローバルということばを目にするようになりまし
たが、十数年前は、グローバルではなく国際化、国際人が叫ばれた時代で
した。国際は英語でいうとインターナショナル（international）となり、国
（nation）の間（inter）、つまり国と国の間を結びつけるという意味になり
ます。著者もまた、学部卒業後、商社に就職し国と国の架け橋となる国際
的な仕事をしたいと考えました。一方で、グローバルには「世界は 1 つで
ある」という考えが基本にあります。近年では、持続可能な開発目標
（SDGs: Sustainable Development Goals）も提唱され、地球規模でさまざまな
問題に取り組んでいこうという動向があります。つまり、単位は国ではな
く地球になるのです。地球には多様な人や人種がいますが、日本語や日本
の文化を共有することで相互に理解を深め、同じ目標に向かって進んでい
くことができます。

　このような世界動向から考えても、日本語教育の果たす役割は大きいの

です。

1.3　国内における日本語教育

　国内に目を移すと、日本社会はここ30年の間に大きな変化を遂げました。日本は多文化共生社会へと変わりつつあるといえます。Think globally, Act locally ということばのとおり、グローバルについて身近なところから考えて行動する機会も増えてきました。

　国内の日本語学習者は、ビジネスマン、留学生といった括りに留まらず、技能実習生、EPA（Economic Partnership Agreement）看護師・介護福祉士候補生、それらの配偶者や子どもと多様化しています、留学生は、1980年の10万人計画から2008年の『留学生30万人計画』へと拡充されました。学習の場は、それぞれの目的に応じて、大学、日本語学校、企業内研修、地域日本語教室と広がり、整備されつつあります。

　多文化化の引き金になったのは、日本の経済、つまりその対策として打ち出された国の施策でした。バブル景気に湧いた1980年代、人手不足を解消するために外国からの人材確保を目的として「出入国管理及び難民認定法」（以下、入管法）の改正が1990年に施行されました。入管法改正は、主にブラジルやペルーなどの中南米諸国からの日系 3 世までに就労可能な地位を与え入国を容易にするものでした。1990年代以降、就労目的で入国する外国人が急増し、在留外国人は多国籍化しました。近年では、少子高齢化のため労働力不足が深刻化し、2019年の入管法改正により外国人に対する新たな在留資格が設けられ、一定の専門性・技能を有する外国人人材の受入れが拡充されたのでした。他にも、日本で生活する者として、インドシナ難民（ベトナム、ラオス、カンボジア）や中国帰国者もいます。

　そして在留・在日外国人は大人だけでなく子どもも増えました。家族を伴って来日したり、日本で出産したりする人も多くいるからです。当然のことながら、教育機関には外国にルーツをもつ子どもが多く在籍するようになり、日本語指導が必要な子どもが増加しました。日本語指導が必要な子どもとは、「日本語で日常会話が十分にできない者」及び「日常会話は

A3 ▶　「は」「が」は頻繁に使用します。

A2 ▶　目的地に誘導している時、「に」を使う。この場合に誘導に適当しているイメージ。

A1 ▶　「あたちとちらう」＝反射間からもらうイメージ（○→←○）、「先生に会う」（○←→○）。

できても，学年相当の学習言語が不足し，学習活動への取組に支障が生じ
ている者」のことを指します（文部科学省HP）。その中には、国際結婚に
より生まれた子どもや、親の仕事の関係で海外に長く滞在し戻って来た子
どもも含まれます。

　日本語指導が必要な子どもの母語として多いのが、ポルトガル語、中国
語、韓国語、英語、ベトナム語などです。外国にルーツをもつ子どもは、
公立学校、私立学校、外国人学校、夜間中学校、定時制高校などに多く、
日本語を学んでいます。集住地区にある小学校を訪問すると、何十ヶ国も
の国旗が飾られており、多様な国をルーツとする子どもたちがたくさんい
て、さまざまな言語が耳に飛び込んできます。そこは、まるで世界の縮図
のようです。日本語を母語とする児童にとっても外国にルーツをもつ子ど
もと机を並べて勉強することは、良い影響をもたらすと考えられます。子
どもたちは、他の国の文化や慣習に触れ、異質性を受容し認め合う素地が
養われるからです。学校の国語教育も従来の枠に留まらず、日本語教育の
内容も含めて再考する必要があるかもしれません。また、日本語だけでは
なく、マイノリティの言語も尊重し、教科学習においては、それぞれに異
なる子どもの得意な言語を使って授業参加できるトランスランゲージング
（Garcia & Wei 2014）の手法も将来的には取り入れられていくかもしれま
せん。日本語とは異なる外国語に触れることは、メタ言語能力の伸長にも
つながります。

　このように考えると、日本語教育は世界各国をつなぎ、今現在、そして
将来日本や世界で活躍する人材を育成する上でとても重要な役割を担って
いるといえます。

● Q4　どの国の人がどのような目的で在留しているのか、文化庁、文部科学省、
出入国在留管理庁などの HP を見て調べてみましょう。

2. 学習環境と教授法・内容

2.1　学習する日本語の種類——JSLとJFL

　日本語教育についてもう少し細かく説明しておきます。日本語教育では、「第二言語としての日本語」と「外国語としての日本語」を教える場合があります。「第二言語としての日本語」と「外国語としての日本語」の意味は異なります。「第二言語としての日本語」は、Japanese as a second language、略してJSLといわれ、日本に住んで生活の手段として習う日本語のことです。「外国語としての日本語」は、Japanese as a foreign language、略してJFLといわれ、海外で外国語科目として、あるいは日本での短期滞在中に習う日本語のことです。

> ● Q5　次の学習者は、JSL と JFL のどちらを学習しているといえるでしょうか。
> ① 日本に住んでいるベトナム人が、日本での進学や就職のために日本語を学習している。
> ② フランスに住んでいるフランス人が、学校で授業科目として日本語を勉強している。

2.2　学習環境——教室環境、自然環境、ミックス環境

　JFLでは教室で日本語を勉強することが多いでしょうし、JSLの場合は、日本語の体系を系統立てて学ぶのではなく、生活の中で日本語に触れて自然に習得していくことが考えられます。そしてどちらの環境も経験するミックス環境というのもあります。

　具体的には、大学や日本語学校などで勉強した場合は教室環境となりますが、就労のために来日して、日常の中で日本語を身につける場合は自然環境となります。実際には、ある程度学校で日本語を勉強して来日し、その後は自然習得するといったミックス環境の人が多いのかもしれません。

> ● Q6　次のような人は、教室環境、自然環境、ミックス環境のどの学習環境に
> あるといえますか。
> ① 来日して働いているが、教えてもらわなくても少しずつ日本語が話せるよう
> になっている。
> ② 日本語学校で日本語を勉強している。
> ③ アメリカの大学の日本語学部で日本語を勉強し、卒業後来日し日本企業で働
> いている。会社では日本語を使っているので上達している。

2.3　教授法──直接法と間接法、イマージョンとサブマージョン、クリル

　英語ができないので、日本語教育を専攻しなかったという学生に出会う
ことがあります。外国語ができないと、外国の人に日本語が教えられない
と考えている人が多いようです。

　実は、教え方には、大きく2種類あります。直接法と間接法です。直接
法は、媒介語を使わずに目標言語だけで教える教授法です。ですから日本
語を使って日本語を教えます。媒介語を使用しないので、相手に内容をわ
からせるために、実物や場面の絵や写真を用いたりします。間接法は、学
習者の母語、あるいは理解できる言語を使って日本語を教える方法です。
学習者の共通言語が英語である場合、英語を使って日本語を教えたりしま
す。もちろん、実際の授業では、直接法でも、時々英語を使って補足説明
をすることもあります。全く使ってはいけないということはありません。

　また、海外の学校では、日本語イマージョン教育もみられます。イマー
ス（immerse）は「浸る」ことを意味します。目標言語である日本語を
使って教科を教える方法です。すべての教科を目標言語で教育する場合は
完全イマージョン、教科を絞る場合は、部分イマージョンといわれます。
少数言語話者が多数言語話者の教室で学ぶサブマージョン教育もありま
す。これに関連して、近年では、内容言語統合型学習・クリル（Content
and Language Integrated Learning: CLIL）も注目されています。外国語を用い
て教科学習（内容）を行う教授法です。これは、目標言語を勉強するので
はなく、例えば、SDGsの問題などに着目した授業を目標言語で行い、思
考力を高めながら言語能力の向上も図るというものです。

2.4　教授内容——シラバス

　教える内容のことをシラバスといいますが、言語教育のシラバスには、次のようにさまざまな種類があります。

1）構造シラバス（文法シラバス）

　文法シラバスともいわれます。文法、文型ごとに学習するためのものです。易しい文法項目から順に配列されています。例えば、「です」「ます」構文といった単純なものから依頼表現「てください」、可能形、受け身形、使役形といった具合に進んでいきます。

2）場面シラバス

　場面ごとに使用される表現や語彙を学習するためのものです。例えば、買い物、病院、銀行、レストラン、郵便局など多様な場面が設定されており、郵便局を見てみると、郵便物を出す、切手を買う、預金するといった目的を果たすために、どのような表現を使用するのかが説明されています。例えば、「普通ですか、速達ですか」「これ、速達でお願いします」、「航空便ですか、船便ですか」「航空便でお願いします」といった表現を学び、後でロールプレイなどで練習したりします。

3）機能シラバス

　コミュニケーションで果たす機能ごとに学習するためのものです。機能には、依頼、命令、感謝、禁止などがあります。例えば、依頼の場合、「今ちょっとよろしいですか」といった会話の切り出し表現から始めて、事情説明し「〜をお願いします」といった談話の流れなども勉強します。

4）話題シラバス

　話題ごとに必要な語彙、構文を学習するためのものです、例えば、話題としては、家族、趣味、国際問題、選挙、政治、ジェンダーなどがあります。中級以上の学習者を対象とすることが多いです。テーマに関連する語彙や関連する読み物を用意し、読解の練習問題などを行い、その後で討論したりします。

5）タスクシラバス

　課題（タスク）を与え、その課題達成を通して学習させるためのものです。新聞を作る、旅行の計画を立てる、といった協働で行うタスク

や、この本でも紹介しているような小さなタスクもあります。

　他にも、プロジェクトに取り組ませるというものもあります。社会問題（「食堂が混むからどうするか」「牛乳が余っているからどうしようか」など）の解決策を考え実行したり、新たな企画（「新商品を考えよう」など）に協働で携わって提案したり実行したりします。

　教科書は、学習者のレベルだけではなく、学習者がどのような日本語をどのように学習したいのかを考えて選ぶことが大切です。日本で生活するための最低限のサバイバル日本語だけの学習でよいと考える人もいます。また、教科書がなくても手作りの教材で教えることもできます。教科書の補助教材として、学習者のニーズに応じたタスクを用意してあげるというのもよいでしょう。

> **● Q7**　多くの教科書が開発されています。教科書を手に取って、それがどのようなシラバスになっているかを考えてみましょう。上述したシラバスの種類にあてはまらないものや折衷シラバスもあるかもしれません。

　近年では、テクノロジーの発達により教材や授業形態も多様化しています。ICTを活用した反転授業もあります。それは授業前にデジタル教材などで勉強して、その後授業を受けて勉強してきたことをアウトプットする方法です。

3. 多様な学習者の習得と能力

3.1 第一・第二言語習得の大人と子ども

　本章1節において日本語学習者をとりまく社会的背景について説明しましたが、学習者の年齢はさまざまです。大人の学習者もいれば、子どもの学習者もいます。大人の第二言語習得は、第一言語習得と何が異なるのでしょうか。また、子どもの第二言語習得ではどうでしょうか。ここではまず、習得プロセスの違いを生む要因について考えてみましょう。

　子どもが第一言語を習得する時、子どもが第二言語（日本語）を習得する時、大人が第二言語（日本語）を習得する時を考えてみましょう。第一言語習得（【図2】中、L1）と第二言語習得（【図2】中、L2）の違い、年齢差・認知能力の差、環境の違いが考えられます。

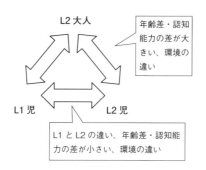

図2　L1児、L2児、L2大人の違い

　もう少し細かく言うと、言語の学習経験、母語で獲得した知識があるのか、環境については、習得に必要なインプットの量はどうなのかなども含まれます。第二言語習得の場合、本章2.1、2.2で説明したように、JSLなのか、JFLなのか、自然環境なのか、教室環境なのかの違いも絡んできます。

● Q8 次の表の項目を埋めてみましょう。表中の①〜⑥は大雑把な括りで１つの目安です。③から⑥の人はどんな学習者か具体的に考えてみましょう。

	年齢・認知能力レベル (高、低)	母語の有無 (有、無)	言語の学習経験 (有、無)	インプットの量
①第一言語習得の子ども				少—┼—┼—┼—多
②第二言語習得の子ども				少—┼—┼—┼—多
③日本国内在住の大人 (JSL・自然)				少—┼—┼—┼—多
④日本国内在住の大人 (JFL・教室)				少—┼—┼—┼—多
⑤海外在住の大人 (JFL・自然)				少—┼—┼—┼—多
⑥海外在住の大人 (JFL・教室)				少—┼—┼—┼—多

　子どもの場合、第一言語の発達状況によっても第二言語の習得プロセスが異なってきます。子どもは最初に概念を獲得し、それに対応する言語形式を学び、形式と意味（＝概念）を結びつけます。あるいは形式が先でその後概念を見出す場合もあります。子どもは、10歳くらいまでには概ね第一言語の知識を得ているといわれますが、子どもの母語獲得の段階がどこにあるのかも指導する前に丁寧に見ていく必要があります。

3.2　バイリンガルの同時発達と継起発達

　第一言語と第二言語の２言語の習得状況についてもう少し考えてみましょう。ここではバイリンガルの多様な種類を紹介します。母語以外の言語を学習し、２言語を操れる人のことをバイリンガルといいますが、母語以外の言語を習得し始めた時期によって分けて考えることができます。
　まず、バイリンガルは、同時バイリンガル（simultaneous bilingual）と継起バイリンガル（sequential bilingual）とに分かれます。同時バイリンガル

はほぼ同時期に 2 つの言語を習得し始めた人で、継起バイリンガルは、母語をある程度習得した後に別の言語を習得した人です。3 歳以降に母語以外の言語を習得し始めた場合、継起バイリンガルに相当するという説もあります（McLaghlin 1984）。

3.3　複合型、等位型、従属型バイリンガル

図 3　形式と意味の結びつけ

同時バイリンガルと継起バイリンガルの発達についてもう少し具体的に考えてみましょう。

言語の習得は形式と意味（概念）の結びつけです。例えば、緑色の葉をつけて幹が支えている木（概念）を見て、ki という音を知って結びつけることで、言語記号を習得していくのです【図 3】。サリバン先生は、視覚と聴覚の重複障害者であるヘレン・ケラーに、水に触れさせながら手に water と何度もつづったそうです。これも形式と意味（概念）の結びつけです。

この形式と意味（概念）の結びつけについては、バイリンガルの種類をさらに細かく分けて考えることができます。なぜかというと概念は生まれた時から形成されているのではなく、誕生後に少しずつ出来上がっていくからです。概念が形成されているのか、第一言語の形式と既に結びついているのか、第二言語の形式との結びつけはいつになる

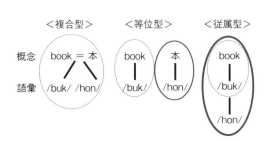

図 4　バイリンガルの概念モデル
＊　図中の概念は意味、語彙は形式として考えてください。

のかといった観点からの分類です。

ヴァンライヒは、バイリンガルを、複合型（compound）、等位型

（coordinate）、従属型（subordinate）の3つに分類し、それぞれの意味（概念）と語彙形式とのマッピング（結びつけること）の仕方について次のとおり説明しています（Weinreich 1953）【図4】。

1）複合型バイリンガル（compound bilingual）

　　第一言語と第二言語それぞれの言語記号（形式）に同一の意味内容が結びついており、同一の環境で2言語を獲得する同時バイリンガルのタイプです。第一言語と第二言語がごっちゃになる時期が場合によりあります。1つの概念について、2つの言語形式のインプットを同時に受けるので、双方を対照させて認知することが必要です。

2）等位型バイリンガル（coordinate bilingual）

　　第一言語と第二言語のそれぞれの言語記号（形式）に別々の意味内容が対応するもので、時と場所が異なった環境で2言語を習得するタイプの継起バイリンガルに多いです。言語ごとに異なる体系をもちます。

3）従属型バイリンガル（subordinate bilingual）

　　第二言語が第一言語に従属する形で第二言語の言語記号（形式）と第一言語の言語記号（形式）が結びつき、第二言語の意味内容は第一言語の意味内容を介して理解されます。第一言語が既に確立していて，新たに第二言語を習得するタイプです。

● **Q9**　次の場合は、複合型バイリンガル、等位型バイリンガル、従属型バイリンガルのどの種のバイリンガルにあたるでしょうか。

① 大人になってから、第二言語を習得します。

② 小学生の頃から海外へ行って、母語以外の別の言語を習得します。家で日本語、学校で英語を話します。第一言語と第二言語を、それぞれ時と場所が異なった環境で習得します。

③ 赤ちゃんの時に、2つの言語に触れる場合です。異なる言語を母語とするお父さんとお母さんが、それぞれの母語で赤ちゃんに話しかけて育てます。

● **Q10**　子どもの頃、海外に長期滞在して日本に戻って来たり、日本国内でインターナショナルスクールに通って英語を習得したりと、いろいろな言語環境が考えられます。身近にそのような人がいたら、どのように意味と形式をマッピングさせたか、聞いてみましょう。

3.4　均衡バイリンガルと偏重バイリンガル

第一言語と第二言語をどのくら
い習得できているのかによってバ
イリンガルを分類する方法もあり
ます。それは均衡バイリンガル
（balanced bilingual）と偏重バイリ
ンガル（dominant bilingual）です。

図5　均衡バイリンガル

　均衡バイリンガルとは、第一言
語、第二言語ともに母国話者レベ
ルまで習得しており、2つの言語間に能力差のない人のことを指します
【図5】。一方、偏重バイリンガルは、第一言語と第二言語に能力差があ
り、どちらかの言語が優勢であったり劣勢であったりします。

3.5　付加的バイリンガルと削減的バイリンガル

　家庭で第一言語を習得し、その後、園や学校などでもう1つの言語を習
得する、つまり別の言語能力を追加するバイリンガルを付加的バイリンガ
ル（additive bilingual）といいます。一方で、第一言語を忘れていく、ある
いはどちらの言語も十分に発達していかないバイリンガルを削減的バイリ
ンガル（subtractive bilingual）といいます。

　日本では外国にルーツをもつ子どもが母語を喪失し親子のコミュニケー
ションができなくなることが大きな問題となっています。また、母語を喪
失することで、アイデンティティ・クライシスに陥ることもあります。そ
うなると知能だけの問題ではなく、精神面にも悪い影響を及ぼします。母
語教室なども活用するとよいでしょう。

3.6　生活言語能力（BICS）と学習言語能力（CALP）──CF、DLS、ALP

　日本語以外を母語とする子どもの知能の問題について、さらに述べてお
く必要があります。特に問題となるのが、教科学習です。子どもは比較的
早期に日本語がしゃべれるようになります。しかし、日本語が上手に話せ
るのに、一向に教科の成績が伸びていかないという現象がよく見られま
す。この問題はなぜ起きるのでしょうか。

> **●Q11** 来日児童が子ども同士、日本語で遊べるようになりました。日本語能力は十分なはずなのに成績が上がりません。どうしてでしょうか。

　実は言語能力には種類があるのです。つまり、生活するために必要な言語能力と教科学習をするために必要な言語能力は別物であるということです。前者を生活言語能力（Basic Interpersonal Communicative Skills: BICS）といい、後者を学習言語能力（Cognitive Academic Language Proficiency: CALP）と呼びます。

　この能力は、【図6】に示すように、2つの座標軸により説明することができます（Cummins 1981, 1984）。グラフの横の座標軸は、子どもが利用できるコンテクストの助けがどれだけあるかに関係します。高コンテクストとは場面から手がかりが得られる場合です。例えば、ボディランゲージを使える、場面から意味が推測できるなど、場面による依存度が高い場合をいいます。一方、場面による依存度が低く、頭の中で考えなければいけない場合を低コンテクストといいます。縦の座標軸は、要求される認知的負担度です。認知的負担が大きいとは、レベルの高い多くの情報を処理しなければならない場合を指します。

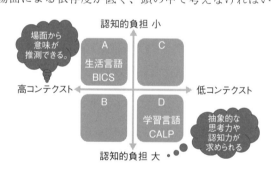

図6　認知的負担度と場面依存度で分析した言語活動4領域
(Cummins & Swain 1986)

　子ども同士の遊びにおける簡単な日常会話などは、場面から手がかりが得られ、認知的負担が小さいといえます。【図6】中AにあたるのがBICSです。教科学習などは、場面により手がかりが得られにくく、認知的負担度が大きいです。CALPは【図6】中Dにあたります。

●Q12　BICS と CALP を獲得するのにどのくらいかかるでしょうか。

　子どもたちは1、2年もするとBICSを獲得するといわれています。CALPの獲得は通常5から7年かかるということです。

　教師や支援者は、言語能力に種類があること、そして生活言語能力だけではなく学習言語能力も身につけさせる必要があることを認識して教育方法を工夫し、支援を継続しなければなりません。

●Q13　【図6】に示す各活動領域A〜Dには、どのような活動が入るか考えましょう。次の①算数の文章問題、国語の読解、作文、②計算練習、漢字ドリル、③植物の観察、理科の実験、④子どもの外遊びの時の会話、はどこに入るでしょうか。

●Q14　【図6】に示すコンテクスト依存度や認知的負担度で分けられた活動の難易から、どのような段階的支援や教材の工夫が考えられるでしょうか。

　また、近年、カミンズは、さらに細かい能力区分を提示しています。会話の流暢度（Conversational Fluency: CF）、弁別的言語能力（Discrete Language Skills: DLS）、教科学習言語能力（Academic Language Proficiency: ALP）です。会話の流暢度（CF）がBICSに、教科学習言語能力（ALP）がCALPに相当し、弁別的言語能力（DLS）が新たに追加された形です。弁別的言語能力（DLS）は、文型に関する知識、単語の音による成り立ち、文字解析といった音韻や文字認識能力が関係します。漢字の筆順や動詞の活用形などの言語の構成要素に関する知識も含まれます。母語と似ていれば早く習得されるし、そうでないところは困難になるので、習得期間はそれぞれに異なります。

●Q15　DLSは、学校でどのように教えられているか考えてみましょう。また、日本語のDLS獲得において、どのような母語をもつ子どもが、どのような点で躓くかも考えてみましょう。

3.7 第一、第二言語能力——分離基底言語能力モデルと共有基底言語能力モデル

　意外に思われるかもしれませんが、後から学び始めた子どもが前から在籍している子の成績を追い抜いてしまう現象がよくみられます。これはなぜでしょうか。対照的な 2 種類の理論を紹介したいと思います。

１）　分離基底言語能力モデル

　1960年代はバイリンガルであることが負の影響をもたらすと考えられていました。分離基底言語能力モデル（Cummins 1981）では、脳内の言語貯蔵容量が限られている

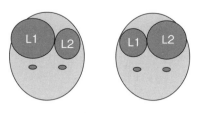

図7　分離基底言語能力モデル

と想定し、言語能力を風船に見立てて説明しています【図7】。容量が限られているので、片方の言語能力が大きく膨らむと他方が小さく萎んでしまいます。実際に、第二言語を習得すると母語の能力が衰えるという削減的バイリンガルはいます。しかしそれは子どもにとって言語的価値が第二言語のほうが重要になったり、インプットが多いからといった理由が考えられます。実際に複数の言語を流暢に操れる人が多くいることから、この理論は成り立たないといえます。

２）　共有基底言語能力モデル

　もう 1 つのモデルが現在支持されており、第一言語能力と第二言語能力が別々に格納されているのではなく、基盤でつながっているという考えのものです。

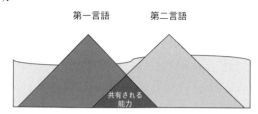

図8　共有基底言語能力モデル（Cummins 1980,1981）

　実際に第二言語を学習する時には、第一言語の影響を受けます。母語以外の言語を習得する場合、既にある概念や知識、学習ストラテジーなどを

活かして習得するからです。言語に関わらず、母語で獲得した知識やスキル、例えば、リテラシー（作文、読解）、計算の仕方、地図の読み方などが、他言語における学習の際に活かされていることが指摘されています。

　共有基底言語能力モデル（Cummins 1980, 1981）では、第一言語と第二言語の 2 つの言語能力を氷山にたとえています。表面的には第一言語能力と第二言語能力が別々に収められているかのように見えていても、水面下の認知能力の部分ではつながっている（Common Underlying Proficiency: CUP）ということです【図 8】。この理論では、1 つの言語で培った能力は、もう 1 つの言語に転移することも示されています。

　ですから、外国にルーツをもつ子どもの指導にあたる際には、まず母語でしっかりと認知能力を育てておくと、日本語や教科学習にその能力を活かすことができます。反対に、母語で認知能力が育っていない状態で来日した子どもは、学習が困難になってしまうことが多いです。その場合は、第一、第二言語の能力を使って相補的に育てていくとよいでしょう。また、認知能力を育てるために、教科書などをやさしい日本語にリライト（光元・岡本 2012）して、教室活動に参加できるよう工夫してあげるとよいです。

ふさおくん

第2章　認知言語学・用法基盤モデルの言語習得観

1. 言語習得と認知

1.1 言語の本質に立ち返る意義

　第一言語習得の場合は誰しも失敗することなく母語を習得するが、第二言語の場合は母語話者レベルに到達することは難しいとよくいわれます。その理由として、一定の年齢を過ぎたら母語話者並みのレベルに到達できないという臨界期の存在仮説（Lenneberg 1967）が指摘されます。臨界期は、2歳から13、15歳までと説により異なります。また、能力ごとに臨界期が異なるという説もあり、発音は統語よりも臨界期が早く、4歳とも6歳ともいわれます。確かに、英語の発音のいい人に聞いてみると、幼児期にアメリカにいたということを聞いたことがあります。しかし大人になってから学習を開始しても複数言語を操れる人もいます。

　第一言語はどのように習得され、どのように言語知識が存在しているのかと、言語の本質に立ち返ってみると、日本語教育について何か新しい視点や認識が得られるかもしれません。

　1980年頃より、外界と認知とのかかわりや一般の認知能力との関係から言語現象や習得を解明しようとする理論が生まれました。後述しますが、認知とは人間の情報処理能力のことです。著者は、この認知言語学（Langacker 1987, 1991, 2000, 2008等）の観点から、第二言語習得の子どもと大人のプロセスについて、第一言語習得と比較し、その共通性と差異に着目しながら追究してきました（橋本 2011, 2018, 2019等）。前にも触れましたが、同じ第二言語習得者でも、子どもと大人では、学習環境（インプットの質と量）、年齢・認知能力の違いなどの要因で習得プロセスが異なります。例えば、大人の教室学習者は、ルールを分析的に学習しそれを基に具体の発話を産出します。つまりトップダウン式で習得を進めますが、子どもは自然習得の場合が多いため、多くの具体事例を丸暗記し、その後得られた事例群を抽象化しルールを生成するという、ボトムアップ式の習得を進めます。双方の根底には言語習得を駆動する原理が共通してあり、子どもの第一言語学習者、子どもと大人の第二言語学習者ともに、イ

ンプットから得た知識に基づいてスキーマを生成し、認知的処理負担の少ない易しい形式から難しい形式へと発達させることで習得を進めていくことが明らかになっています（橋本 2019）。スキーマとは、経験を積み重ねることで出来上がった抽象化された知識のことですが、後で詳しく説明します。

1.2　用法基盤モデルの基本的考え方

　認知言語学の用法基盤モデル（Langacker 1991; Tomasello 1992, 1999, 2000ab, 2003等）は、言語に特化した能力は想定せず、外界で得た具体事例に基づいて、一般認知能力によって言語を習得するという考え方です。この用法基盤モデルを主張するトマセロによれば、子どもは発話意図にとても敏感で、コンテクストから即時に発話意図を読み取り、その一方でインプットにおける分布分析によりパターンを見出します。そして、それら発話意図（意味）とパターン（形式）を結びつけることで、言語習得を進めていくのです（Tomasello 1999）。

　習得プロセスにおいてはインプットが重要な学習材料になるわけですが、まずは言語の現象や習得を支える一般認知能力とはどのような能力なのかについて、説明します。

1.3　外界・認知・ことばの関係

　そもそも、ことばとは何か、そして認知とは何かを考えてみましょう。

　外界は種々雑多な混沌とした世界です。人間はその「現象」を必要に応じて切り分けて整理しているのです。例えば、ことばが表す部分は、人間の目に見えるモノ、あるいは耳から聞こえるモノです。人間が知覚できる世界があり、それを認知能力によって切り取って、その切り分けたモノにことばをあてがっているのです【図 9】。つまり、知覚可能な事物や事象とことばの存在は双方とも有限なのです。

　認知とは、経験や五感などの感覚器官を

図 9　ラベルの貼りつけ

通して知覚し、さらに知覚したことに基づいて概念形成や記憶とのやりとりといった高次の情報処理がなされることです（辻編 2013等参照）。「知覚」と「認知」を対照させると、「知覚」は、感覚受容器を通じて伝えられた情報を感知すること、外からの刺激を確認することで、「認知」は、知覚したことを、さらに知識に基づいて推理し考え解釈することとなります。

2. 言語現象・習得と認知能力の関係

　それでは、どのような認知能力がことばの習得に必要なのかを考えてみましょう。

2.1　カテゴリーとしての知識

　上述したように、人間は外界をことばにより認知しているわけですが、それらの知識は類推能力（analogy）により整理しています。例えば、机の中を整理する時に、ここは筆記用具、ここは書類

図 10　カテゴリーの階層性

などと分けて整理したりすると思いますが、これがカテゴリー化で、頭の中も同じです。抽象化や類推能力によりことばの知識をカテゴリー化しているのです。カテゴリー能力とは「分類する能力」で、カテゴリー（category）は概念的なまとまりです（Taylor 2002）。具体的には、犬は実際にはチワワやシェパードなど多様な犬種がありますが、「犬」ということばでまとめることができます。さらに種々雑多な生き物をまとめて上位概念である「動物」で整理することもできます【図10】。このように言語の知識は階層性を保ちながら構築されているのです。

　ことばのルールについてもカテゴリー能力が反映されています。品詞でいえば、動きのないモノは名詞、動きを表すのは動詞、またモノの状態や様相を表すのは形容詞といった具合です。日本語の場合は、形容詞も 2 種類あり、その接続の仕方の違いにより、い形容詞（形容詞）とな形容詞（形容動詞）とに分けられます。

☞タスク編

　①属性　③対のことば　④名詞と い・な形容詞　⑦助数詞　⑧ひらがな・カタカナ　⑨漢字

2.2　プロトタイプ・カテゴリー

　それでは次にカテゴリーの中身について考えてみましょう。つまり概念はどのように存在しているのでしょうか。例えば、「果物といえば、何を連想しますか？」と聞くと、「りんご」と答える人が多いのではないでしょうか。いちじくと答える人はほとんどいません。もちろん、生活環境や文化に

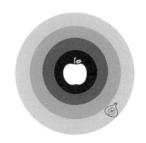

図11　プロトタイプの概念図

よっても異なりますが、すぐに想起するモノとそうでないモノがあることに気づくと思います。すぐに想起できるモノは典型的なモノ、つまりプロトタイプ（prototype: 典型事例）と呼ばれ、概念カテゴリー内の中心に位置しているといわれます（Rosch 1973）。このことをプロトタイプ・カテゴリーといいます。プロトタイプとの類似度によって構成メンバーである事例が連続性をもちながら配置され構造化されていることを意味します【図11】。

　品詞カテゴリーも明確に境界があるわけではなく継続性をもちながら存在しています（寺村 1982）。形容詞の中でも名詞に近い性質を帯びるものは、名詞との境界に近いところにあります（上原 2003）。

　このように人間はカテゴリー能力、プロトタイプ能力によって、身の回りのモノを、ことばを通して整理し効率的に記憶しているといえます。

2.3　カテゴリーの動的な同定プロセス——意味の拡張と移行

　ことばの意味範囲はカテゴリーとして捉えられているのですが、ことばを習得する時には、まずカテゴリー名（形式）を知り、身の回りにある多様な具体物をカテゴリーにあてはめていきます。そのカテゴリーの範囲は習得初期から整然と整理されているわけではありません。Rescorla（1980）では、英語母語の子どもがことばの意味範囲を探る様子が報告されています。Clock（時計）を学習する時に、初期は絵から学び、家の中にある音の出る目覚まし時計であると認識します。そして次に、多様な置時計に使

用を広げ、カチカチと時を刻み文字盤のある腕時計もClockなのだと考えます。さらには、音が出るモノ、ラジオや電話もそうなのだと類推するようになり、腕時計から手首につけるブレスレットへと拡張していきます【図12】。このようにして、人間は類似性を動機づけとした動的なプロセスの中で、カテゴリーをより明確なものへと形

図 12　意味の拡張

成していくのです。初期はことばの指示する意味範囲は拡張していく一方ですが、逸脱した部分について新しいことばを獲得すると、拡張した範囲を特定し直して規範に整えられていくのです。例えばClockの学習において、bracelet（ブレスレット）ということばを獲得すると、Clockの意味範囲から削られ、ことばの規範の棲み分けが出来上がるわけです。子どもはカテゴリー能力を生後 3 ヶ月くらいから身につけていると思われます。

　この様相は第一言語だけではなく第二言語においても見られます。ことばのラベルを貼る対象領域を広げる一方で、経験の中で新しいラベルを獲得し、旧ラベルを新ラベルへと貼り替えるのです。つまり新しいラベルに意味を移行させるともいえます。

　内容語だけでなく形態素についても同様の現象が見られます。橋本（2006b, 2011）においては、第二言語習得の子どもが、「ちゃった」をいろいろな意味で使用していましたが、新しいラベルの「ている」「た」を獲得し、「ちゃった」のもつ意味機能を移行させることで、「ちゃった」の意味機能を規範へと近づけていくことを報告しています【図13】。

　大人の第二言語学習者は、既に母語の習得過程において、概念を整理

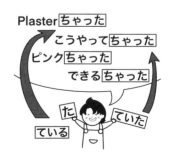

図 13　ラベルの貼り替え

しラベルを獲得しているので、母語の概念に対応する目標言語のラベルを学習すればいいことになります。しかし、母語のラベルがそのまま1対1対応で目標言語の意味範囲に一致しないことが多いので、第二言語習得が一筋縄ではいかないのです。これについては本書第3章1.4で述べます。

> ●Q16　英語と日本語を対照させて、名詞・形容詞・動詞の意味や文法ルールにおいて、1対1対応でないものに何があるか考えましょう。

2.4　類推能力から生まれることばの多義性——メタファー

　このように言語単位のもつ意味の拡張や複数の事例からなるカテゴリーの同定には、比較や類推する能力が関わっています。言語現象である比喩もまたこれらの能力によるものです。比喩の一種であるメタファー（metaphor）（Lakoff 1987；鍋島 2016）はある概念を理解するために別の概念領域を用いる認知の仕方です。例えば、椅子を支えているので椅子の脚と言ったり、卵の黄身と白身のコントラストが目玉のように見えるので、目玉焼きと言ったりします【図14】。

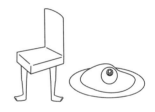

図14　メタファー

　ことばのもつ多義も類推能力によって説明することができます。例えば、「乗る」という動詞は、「車に乗る」「波に乗る」「リズムに乗る」「勢いに乗る」「調子に乗る」「誘いに乗る」といろいろな意味で使用されます。なぜ、この

図15　乗るの中心義と多義性

ような多様な意味で「乗る」が使用されているのでしょうか。「乗る」には「物の上に上がって一体となる」といった中心義（プロトタイプ）があり、その中心義が派生の起点となっています（橋本 2012参照）【図15】。つまり、大雑把に事象を捉え、中心義との類似性から同じ動詞を使用していることから多義が出来上がっているといえます。ことばの 1 つひとつが豊かな構造体なのです。学習者にとってはプロトタイプである中心義はすぐに習得できますが、派生義の習得は難しいです。指導の際はこの拡張の動機づけを説明したり、考えさせたりするといいと思います。

☞**タスク編**

　⑤**多義語**

2.5　事態把握——ゲシュタルトと視点

　上述の通り、人間には大雑把に事態を把握する能力が備わっています。外界の現象を全体で捉え能動的に意味を付与する認知の仕方をゲシュタルト（gestalt）といいます（辻編 2013 等参照）。例えば、小さな丸 2 つを大きな丸 1 つで囲み【図16】のように配置すると、大抵の人は顔、フェイスと答えます。つまり細かく要素を見て丸が 3 つあるというのではなく、全体でその意味を捉えようとするのです。人間からの主体的な働き掛けにより、2 つの丸が目で、大きな丸が顔の輪郭と規定されます。

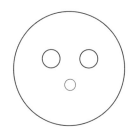

図 16　フェイス

　ルビンの壺【図17】は有名ですが、両側に焦点を当てると、2 人の顔が向き合っているように見え、真ん中に焦点を当てると壺に見えます。見方によって、2 種類のシルエットを確認することができます。認知言語学では、前に浮き上がって見える前景

図 17　ルビンの壺

とされる部分を「図」、背景つまり後景とされる部分を「地」と呼んだり

します。ところで、【図17】の2つのシルエットを同時に見ようとしても
できません。やってみてください。人間は、際立ちのある前景から、際立
ちのない後景へとシーンを配列するからです。視点によってモノの見え方
が異なるということがいえます。

●Q17　【図18】中①と②の絵は窓からの景色です。どのように表現しますか？

図18　前景と後景

　窓から外を覗き、空の青を背景に木が1本立っている場合、木が前景で
空が後景となります【図18①】。ところが鳥が飛んで来て木にとまると、
今度は鳥が前景となり木が後景となるのです【図18②】（Radden & Dirven
2007）。どのように表現するでしょうか。①は「木があります」と言いま
すが、②は「木が鳥の下にあります」とは言いません。「鳥が木にいます」
と言うでしょう。有生性のあるものは際立つので、このようになることが
多いです。

　この視点は、事象を見て言語化する際に、どの構文を使用するのかにも
影響します。例えば、受け身表現にするのか、使役表現にするのか、と
いった視点の絡む表現がたくさんあります。「先生が太郎を褒めた」「太郎
が先生に褒められた」と視点をどちらに置くかで同じ事象でも言い方が変
わります。

☞タスク編
　⑬受動・能動　⑭文章理解と創作

3.　ことばと構文の習得

3.1　共同注意フレームによることばの習得

　ことばは、形式と意味（概念）がマッピングしたものであると述べましたが、ここでは、第一言語習得の子どもがその結びつけをどのように行うのかについて説明したいと思います。言語学者のソシュールが指摘したとおり、ことばは理由があって形式が決まっているのでないという恣意性を特徴とします。生まれてから自然に行ってきたことばの獲得がどのようになされてきたのかについて考えてみましょう。

　第一言語習得の子どもは、生後 3 ヶ月頃までは 2 項関係で発達が進み、その後 3 項関係へと進みます。2 項とは、自分と他者、あるいは自分とモノの関係です。例えば、生後間もない子どもはお母さんと 1 対 1 の 2 項関係で、感情や行動を共有します。それが生後 9 ヶ月になると、3 項関係になります。自分と他者と目標物という 3 者の関係を含んだ 3 項関係です。

図 19　共同注意フレーム

　3 項関係となった子どもは、対話者と同じモノを見て、対話者の意図を読み取るようになります。これは、「共同注意」と呼ばれます。このような共同注意が生じている場面を共同注意フレームといいますが、子どもは、対話者が指差しなどによって指示したモノ（意味）と、同時に産出した音（形式）を結びつけます。例えば、子ども、大人、モノの 3 項関係において、「あ！」と子どもが花を指差して注意を引きます。お母さんが「お花だね」と答えることで、子どもは、同じモノを見て、お母さんがその対象物の名前を教えてくれたのだなと理解し、その対象物の形式と意味の結びつけを行うのです【図19】。つまり、お母さんの意図を理解して、新奇なモノ、際立つモノ、あるいは、興味関心が向かっているモノ、注意を引くモノにことばのラベルを貼っていくのです。

3.2 スキーマ化とカテゴリー化による構文の習得──語結合、ピボット・スキーマ、アイテムベース構文、抽象構文

これまでは主に「語彙」のレベルに注目してきましたが、同様に形式と意味のマッピングしたことばの単位として「構文」もあります（Taylor 2002）。認知言語学では、構文は、語彙の延長線上に存在すると考えられています（Goldberg 2019; Tomasello 2003）。

本章1.2で述べたようにトマセロは、第一言語習得の幼児は、「発話意図の読み取り」と「パターン発見」により統語の知識を確立させていくことを指摘しています。子どもの発話意図の読み取り能力は、上述した共同注意フレームにおいても見られました。パターンとは言語要素が配列されている型のようなものです。第一言語習得の場合、1語文の産出は12ヶ月頃から、そして2語文以上の多語文の産出は生後18ヶ月～24ヶ月頃から始まります。多語文は、語結合、1語をピボット（軸）としたピボット・スキーマ、アイテムごとに習得されるアイテムベース構文（項目依拠構文）、抽象構文へと発達します（詳しくは、Tomasello 2003; 橋本 2016等参照）。次に段階ごとに説明します。

語結合の段階では、具体的な名詞だけを並べて産出します。例えば、テーブルの上にボールがあるという意味で、ball tableと言ったりします【図20】。

ピボット・スキーマ（例 More＋□）は、インプットから得た事例を比較し、類似したコンテクストや機能で使用される文（例 More Juice、More milk）を集めて抽象化したものです。More＋□の場合は、子どもが出現の再要請をする場合に More を使えばよい、そして欲しいモノはその後に

図 20　語結合　　　　　　　　　図 21　ピボット・スキーマの生成
　　　　　　　　　　　　　　　　　　　プロセス

くっつければよいのだと、インプットの分布分析を通して理解し、スキーマが生成されます【図21】。ピボット・スキーマの段階では、語順で格標識を示すといった知識がまだ確立されていません。

　次にアイテムベース構文の段階となります。トマセロは、言語アイテムの1つである動詞ごとに習得が進むという「動詞島仮説」を提唱しています【図22】。「島」は孤島を意味しており、習得初期は動詞間で知識が共有されないことを表しています。例えば、日本語の「食べる」という動詞については、初期は、「□（食べる人）＋□（食べる対象物）＋食べる」といった特定の動詞にひもづいた構文となります。この時点では動作主、対象物、動作と抽象化されていません。

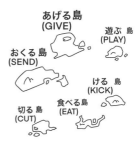

図22　動詞島仮説

　同様の構文をもつ島が複数集まった時点で、より包括的な抽象構文が出来上がります。類推やカテゴリー能力により次第に、「□（動作主）＋□（対象物）＋□（動詞）」といった他動詞構文のスキーマ的知識を獲得するわけです。日本語の二重目的語構文を例に考えてみましょう。「あげる」は自分の領域にあるモノを相手の領域へ移動させる事象です。この「あげる」の意味が共通する具体の場面を何度も経験することで理解し、アイテムベースである「あげる」構文を獲得します【図23】。さらに自分の領域から相手領域へモノを移動させるという類似した事象として、「〜に〜を送る」「〜に〜を預ける」なども挙げられます。こういった類似した経験の積み重ねから、「□（到達点）＋に＋□（モノ）＋を＋□（移動を表す動詞）」という、より抽象度の高い構文スキーマが抽出されます。

図23　「あげる」に共通する事象

　このように構文抽出においても、現象を大雑把に捉えるゲシュタルト的事態把握が作用し、類似した事象をカテゴ

リー化していることがわかります。またこのことは、構文もプロトタイプ・カテゴリーとして存在していることを示唆します。英語の二重目的語構文では、give 構文がプロトタイプであると指摘されていますが、日本語の場合、先の「あげる」構文がプロトタイプであると考えられます。

3.3　語彙と構文の関係と知識体系──スキーマの合成、ネットワーク

　では、動詞と構文はどのような関係をもちながら頭の中に存在しているのでしょうか。構文に関する知識表象については、ラネカーが、動詞も構文もスキーマ化し双方が重なり合って存在していることを指摘しています

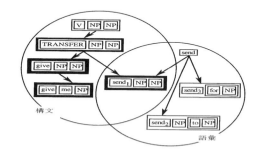

図24　語彙と構文スキーマの合成（Langacker, 2000: 34 Fig10 に著者加筆）

（Langacker 2000）。部分構造が統合され複合構造が作り上げられる合成（compositon）という認知能力によって説明されています。例えば、二重目的語構文の場合、動詞語彙（例 send）のスキーマ［send＋□（名詞）＋□（名詞）］と、二重目的語構文のスキーマ［□（動詞）＋□（名詞）＋□（名詞）］が合成しているということです【図24】。このように構文の知識は、語彙の知識と相互に関連性をもちながらネットワーク状に存在しているのです。

　膠着語である日本語の構文については、助詞や接辞についても注意して見ることが必要です。橋本（2011, 2018等）は、ピボット・スキーマの概念を援用し、機能語（辞）（テンス・アスペクト辞、可能辞、否定辞などの接辞、助詞など）、内容語（名詞、動詞、形容詞、形容動詞など）をピボットにした「スロット付きスキーマ」が生成され、「合成」されることで、より大きな構造が構築されていくという「スロット付きスキーマ合成仮説」を提示しています【図25】。

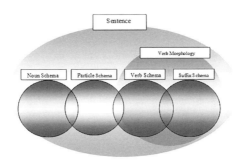

図 25　スロット付きスキーマの合成仮説（橋本 2011, 2018）

　文構造における呼応関係も、スキーマ化されて頭の中にあることが指摘されています（橋本 2015, 2018）。このことからも名詞、副詞、副助詞と動詞、動詞形態素などの間にある程度決まった使い方があり、それぞれの知識が連合していることが考えられます。慣用的に使用される組み合わせのものをコロケーションと呼ぶこともあります。

☞タスク編

　6 オノマトペ　10 アスペクト　11 副詞・副助詞　12 文づくり　13 受動・能動

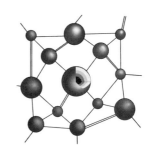

　言語の知識体系は、形態素、語、構文、あるいは組み合わさった（連合）知識がそれぞれに豊かな意味をもつプロトタイプ中心の構造体として存在し、それらが複雑に合成し、ネットワークを成しているのです【図26】。

図 26　ネットワーク状の言語知識

☞タスク編

　14 文章理解と創作

第3章　第二言語習得のプロセスと教育

本章では、第二言語習得研究の知見に焦点を当てて説明していきます。

1. 母語の多様性

1.1　母語の定義——母語と母国語

　第二言語習得においては、既に学習者は母語をもっているわけですから、まずは母語について考えてみましょう。母語とは、生まれてすぐに馴染んだ言語、家庭で話されており最初に習得した言語です。母国語とは違います。母国（国籍がある国）で最も多く使用されている言語を母国語というので、混同しないようにしましょう。

> ●Q18　次に示すプロフィールをもつ子どもの母語は何で、母国語は何でしょうか。
> ① 父親は日本人で、母親は中国人です。家庭での会話は主に中国語で、子どもの国籍は日本です。
> ② 父親、母親ともにブラジル人です。家庭での会話は主にポルトガル語で、子どもの国籍はアメリカです。

1.2　言語的距離と言語類型論的分類

　学習者は、それぞれ異なる言語体系をもっています。母語と目標言語が似ていれば、言語間の距離が「近い」といい、似ていないと「遠い」と表現したりします。なぜ目標言語が易しく感じたり難しく感じたりするのか考えてみましょう。語順による類型化としては、SOV型、SVO型、VSO型、OVS型、OSV型の6つがあります。また、語形変化の観点から言語類型論的に分類された、膠着語、屈折語、孤立語、抱合語の4種もあります。
（1）　膠着語とは、日本語などで、文法的な意味を表す接辞（助詞、活用語尾など）が、実質的な意味を表す語（名詞や活用語の語幹など）に

付着（膠着）する言語のことです。例えば、日本語では「あなた-が」「読-む」のように、実質語と接辞が結合しています。

（2）　屈折語は、インド・ヨーロッパ語族の言語に多くみられるように、語根（接辞をとった部分）と分離できず、語全体が活用（屈折）する言語です。例えば、英語では、he　him　his、あるいはsee　saw　seenと、語全体が活用変化しています。

（3）　孤立語は、単語1つひとつの独立性が高く、語順が文法的な意味を担い、語形変化のない言語です。例えば、中国語の「我打他（私は彼をたたく）」では、我という字が「私」を、「打」という漢字は「たたく」を、「他」という漢字は「彼」を意味しています。語順によって文法的な意味を表します。

（4）　抱合語は、エスキモー語などで、これは、動詞語根に人称、格、その他の接辞要素がすべて融合され、1つの語があたかも1つの文のように機能する言語です。

　この分類は形態や統語に焦点を当てたものですが、言語によって他にももっと異なる点があります。このように言語類型論的に母語と大きく異なる言語を勉強するのは大変なことなのです。

1.3　複雑な言語体系──ピジンとクレオール

　日本を母国とする人の中にもアイヌ語や沖縄語などを話す人がいますが、概ね日常生活では日本語しか使わないという人がほとんどだと思います。しかし、世界には、複数の言語圏が存在する国や地域が多くあります。カナダでは、英語とフランス語が公用語となっているように、2言語を公用語とするところもたくさんあります。また地元の言語と公用語の両方を使用できる人も世界には多くいます。つまり、母語の体系を固定的に捉えられない場合もあるのです。

　言語は時間とともに変化するものですが、異なった2つ以上の言語が接触し、それらが混ざり合うことで1つの混成言語が出来上がることもあります。ピジン言語やクレオール言語が有名です。

　ピジン言語は、現地人と、現地語を話せない人との間で商取引を行うた

めに自然に生成された共通言語です。英語をベースにしたものは「ピジン
英語」といわれますが、英語のbusinessを中国語風にpidginと発音したこと
に由来するそうです。ピジン言語の特徴として、文法や語形変化が単純化
されており、語彙も少なく多義であることが挙げられます。

　シンガポールで話されているシングリッシュ（Singlish）もピジンの1
つです。シングリッシュは英国英語ベースで、文法、語順は中国語（標準
中国語：マンダリン）、福建語の影響が大きく、マレー語の特徴もあるそ
うです。語彙として、中国語、マレー語、福建語、広東語、タミル語など
が使われ、マレー語の使用頻度が高いということです。

　西アフリカにもピジン英語があります。ナイジェリアでは、ハウサ語、
ヨルバ語、イボ語など500以上の言語が話されているのですが、ピジン英
語が共通言語となっています。ピジン英語は、ナイジェリアだけでなく、
ガーナ、ギニア、カメルーンでも話されていることから、ピジン英語での
ニュースのウェブサイトもあるそうです。

　実は日本にもかつて、ピジン言語がありました。横浜ピジン日本語で
す。横浜は古くより港町として栄えてきたわけですが、19世紀後半から20
世紀初頭に横浜での商取引の手段として用いられたそうです。日本語と英
語の合成で、上海と香港で話される中国語ピジン英語からの借用も見られ
るということです。

　クレオール言語は、ピジンを母語として育った子どもたちが使用する言
語で、ピジンよりも語彙が増え、文法も複雑に発達し、統一された言語体
系となっています。これにより複雑な意思疎通も可能になっているそうで
す。

●Q19　シングリッシュ、西アフリカのピジン英語、横浜ピジン日本語について、
具体的に、どのような語彙や表現があるのか、そして文法体系はどうなっ
ているのかなどを調べてみましょう。さらに、語彙・文法はどの言語に
由来するのか、語順はどの言語に基づいているのかについて考えてみま
しょう。

1.4　母語と目標言語の対応関係

　それぞれに異なる母語をもつ学習者は、第二言語習得の様相もまた異なり、学習に伴う困難点と容易点も違ってきます。母語と目標言語の違いが学習の難易に影響することを先にも述べましたが、もう少し細かく見てみましょう。【図27】に示すのは、母語と目標言語の対応関係に基づく学習の難易度です（Carroll 1963; Stockwell, Bowen & Martin 1965; 山田 1975等）。母語と目標言語の対応関係を、(1)欠如、(2)一致、(3)収斂、(4)分散、(5)新規として、語彙や文法などいろいろなレベルで考えることができます。

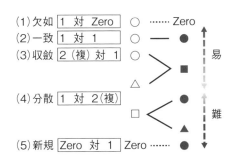

図 27　学習の難易度

　このスケールを参考にし、語彙やルールの対応関係から日本語習得の難易について見ていきましょう。

　(1)の欠如は［1（母語）対 ゼロ（目標言語）］の対応です。例えば、スペイン語、ポルトガル語、フランス語などのラテン語は女性名詞と男性名詞の区別がありますが、日本語にはないので、問題はありません。また複数であることを表すために英語などでは形を変えたりしますが、日本語には複数形がありません。例えば、英語では、s、esを付けたり、tooth（歯）をteethに、mouse（ねずみ）をmiceとしたりしますが、日本語では形を変えません【図28】。

　(2)の一致は、〔1（母語）対 1（目標

図 28　欠如

言語)〕の対応です。母語と目標言語が完全に一致している場合です。これは、形式を変えるだけでよいので習得が易しいです。例えば、語彙習得ですとdogを犬というので1対1の対応です。dogの概念に犬ということばのラベルを貼りかえればいいわけです【図29】。

図29　一致

　(3)の収斂は、〔複数（母語）対 1（目標言語)〕の対応です。英語母語話者がlegとfootを使い分けているのに対して、日本語では「あし」と言うので、英語母語話者にとって習得が易しいです【図30】。スペイン語もpiernaとpieと使い分けるようです。

図30　収斂

　(4)の分散は、〔1（母語）対 複数（目標言語)〕の対応です。英語ではcoldの1語で言えるところを、日本語では冷たい、寒いと使い分けなければなりません【図31】。英語のplayも日本語では、遊ぶ、楽器を弾くと使い分けます。

図31　分散

　(5)の新規は、〔ゼロ（母語）対 1（目標言語)〕の対応で、最も難しいです。例えば、助詞のない中国語母語話者にとって、日本語の助詞を学習するのは骨が折れます【図32】。非漢字圏の学習者

図32　新規

が漢字を勉強することに困難を覚えるのも同じです。

　このようにして、第一言語と第二言語の対応関係から、第二言語の学習

の難易度を予測できるのです。実際には、もっと複雑に考えなければならないのですが、1つの目安とすることができます。

　これまで、言語間の距離に関することを述べてきましたが、実際に言語間の距離が遠いと間違いが多くなる傾向があります。

●Q20　日本語と英語や自分が学習している言語を比較して学習難易度スケールから習得の難易を考えてみましょう。あるいは、多様な言語を母語とする学習者に聞いてみましょう。

2. 学習者のたどる習得プロセス

2.1 母語を起点とした知識体系の変化──中間言語

　前節では、母語と目標言語の異同から、母語の影響について考えてみました。ここでは習得プロセスについて考えてみましょう。習得プロセスにおいても、母語の知識が起点となっているといわれます。セリンカーは、第二言語習得のプロセスは、母語から目標言語へと進む過程であると説明しています（Selinker 1972）。つまり、初期は母語の体系が頭の中にあり、習得が進むにつれてその体系が変化していくということになります。この変化する連続体のことを中間言語といいますが、途上の一時点で見られる学習者の知識体系のことを指して中間言語ということもあります。

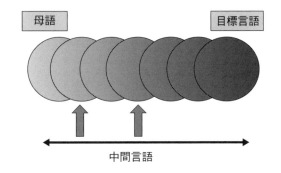

図33　中間言語（1時点の言語体系）と中間言語連続体（Selinker 1972; 迫田 2020 参照）

　【図33】では、左端の丸が母語の体系を示していて、それが出発点となり、右側へ行くほど習得が進むことを表しています。右端の丸が目標言語の規範の体系で、そこに向かう間、丸の色が変化していますが、言語知識の体系が繰り返し再構築されることを意味します。

　構造の獲得（再構築）が進んでいくプロセスについて、ピーネマンは、学習の準備ができた時のみ学習が可能であるという学習可能性仮説を、そして逆に教師側はその時でないと教えても習得させることができないという教授可能性仮説を提示しています（Pienemann 1998）。

2.2 母語の影響──正の転移と負の転移

　中間言語は、母語の体系を起点としているため、当然のことながらその影響が見られます。母語の影響がプラスに働くことを、正の転移（positive transfer）と言い、母語の影響がマイナスに働くことを負の転移（negative transfer）と言います。例えば、中国語の「的」を「の」と考えるため、中国語母語の学習者に「の」の過剰般用が多いといわれます。過剰般用とは、ルールの適応範囲を超えて使用してしまうことです。例えば、「赤いの本」といった具合です。ただし、これは第一言語習得の幼児にもよく見られる誤用なので、発達上の誤用とも考えられます。誤用が母語の影響なのかについては、一概には判断できませんが、発達上の誤用で間違いをおかす学習者よりも、母語に起因して間違える学習者の方が、誤用の期間が長引くことが指摘されています（奥野 2005等）。つまり中国語母語話者は、「の」の過剰般用の時期が他の言語を母語とする学習者よりも長く続き、なかなか修正に至らないということになります。

☞ タスク編

　12 文づくり

2.3　ルールの過剰般用とU字型の発達

　学習者は、言語体系を再構築する際に、さまざまな文法カテゴリーごとに修正を進めていくことが考えられます。その発達過程は直線的ではありません。さきほど過剰般用について触れましたが、このルールの過剰般用によって、言語の発達はU字型の発達曲線（U-shaped curve development）を描くことになるのです。学習者は、能動的にルールを作り、それを規範の範囲以上に適用し、その後に修正の過程をたどることで正規の規範の範囲を探りあてるのです。

　【図34】のU字型のグラフは、縦軸が正確さ、横軸は時間を表しています。このU字型は、初期は正用が産出され、途中正用率が下がり、最後にまた高くなることを示しています。英語の不規則変化を例に挙げると、初期はwentという正用産出

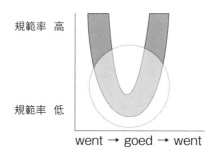

規範率　高

規範率　低

went → goed → went

図34　U字型発達曲線

に始まり，やがてedを付加したgoedを産出するようになります。そして最後にまたwentと正しく産出できるようになります。ただし、この初期の正用と後期の正用とでは質が異なるといえます。初期と後期の正用の中間に産出されるgoedは、なぜ、このような形式になっているのでしょうか。これは、規則動詞の過去形のルール、つまり「過去を表すにはedを付加する」というルールを学習者自らが作り過剰般用したためです。学習者は、この期間にgoにはedを付加するルールを適用してはいけないことに気づきます。そして規則動詞と不規則動詞の違いを学習するのです。この現象は内的システムの再構築といえます。言語習得は、このようにルールが更新されるたびに再構築が繰り返され、徐々に体系が整えられるのです。

　参考までに、日本語学習者の動詞の活用形に関する過剰般用の例を紹介します。過去形においては、「だった」を過去標識として、「行くだった」「おいしいだった」と産出します。否定形においては、「ない」「じゃない」を否定標識として、「行くない」「行くじゃない」「おいしいじゃない」と産出します。可能形については、「できる」を可能標識として、「遊ぶできる」「飛んでできる」と産出したりします。

　学習者は、インプットの広範囲に分布している表現や卓立性（際立ち）のある（目立つ）表現を先に習得し、自分なりのルールを能動的に作って、さらに発達させていくといえます。学習者が自らのルールを作った時点で発達が停止してしまうこともあります。こういった現象を「化石化」といいます。

●Q21　学習者は他にどのような過剰般用をおかすでしょうか。学習者の発話に耳を傾けてみましょう。

3. 第二言語習得・内的システムの再構築を促す方法

　ここでは第二言語習得を駆動するために必要な理論的知見を紹介します。内的システムの再構築には何が必要なのでしょうか。日本語を教える時に参考にするとよいでしょう。

3.1　インプット仮説

　まず聞いたり見たりしなければ、言語習得は始まりません。第一言語習得のことを考えると、赤ちゃんは、毎日浴びるように大量のインプットを得ます。インプットが多いと、情報が蓄積されて語彙が増え、文法がわかるようになります。

　クラッシェンはインプット仮説を提唱し、習得がインプットによって進むこと、そしてインプットの量と質が大切であることを指摘しました（Krashen 1985）。

　赤ちゃんにとってわかりやすい語彙や文法を使って話しかけることをマザリーズといいますが、第二言語の学習者に対しても、教師は学習者のレベルを考えて相手のわかる表現に整えて話しかけます。これをティーチャートークと言います。もちろん、マザリーズとティーチャートークは似ている部分もあれば、異なる部分もあります。

　このようにインプットの質については、i＋1のインプットが習得を促進すると指摘しました。i＋1とは、現在のレベル（i）よりも少しだけ高いレベル（＋1）を意味します。学習者の学習可能性の範囲を考え、理解可能なインプットを与えることが大切なのです。相手のレベルがわかっていれば、自ずとそのレベルに合わせて表現を変えたり、何度も産出を繰り返して伝えようとします。これらの工夫が、i＋1のインプットとなって、学習者の内的システムに届くのです【図35】。

図35　i＋1のインプット

3.2　情意フィルター仮説

　インプットを受けても、それが学習者の内的システムに届くのかどうか
が問題です。言語習得における情意面の重要性も指摘されています。つま
り、インプットを受けても、心が開かれており心的な障壁が低くなってい
ないとインプットが浸透していかないということです。クラッシェンはこ
のことを、フィルターという心理的障壁の概念を用いて説明しています
（Krashen 1985）【図36】。心理的障壁であるフィルターが高いというのは、
動機づけが低かったり、自信がなかったり、不安な状態を指します。例え
ば、英語は、学校で必修科目として勉強しなければいけないと強制的に感
じてしまうとなかなか習得できなかったりします。ところが海外へ旅行し
て現地の人と英語で話したいという目標ができた途端に、やる気が生ま
れ、上達することがあります。

教室環境においても同様で、ま
ず学習者を勉強したいという気
持ちにさせることが大切です。
学習者中心の、コミュニカティ
ブで楽しい授業展開を教師が心
掛けると、学習者の態度が積極
的になり成績が上がることがあ
ります。

図36　フィルターの高低

3.3　アウトプット仮説

　インプットの重要性について先に述べましたが、インプットを受けただ
けでは言語の習得はうまく進みません。イマージョンプログラムで学習し
ていた子どもたちが、たくさんの理解可能なインプットを受けていたにも
関わらず、最終的な到達レベルが低かったという報告がありました。そこ
でスウェインはアウトプットの重要性に気づいたのです（Swain 1985）。
それでは、アウトプットすることは、インプットを受けることとどのよう
に異なり、どのような効果をもたらすのでしょうか。

●Q22　インプットを受けることとアウトプットすることにはどのような違いがあるか考えてみましょう。

　学習者は、アウトプットすることで初めて、自分の手持ちの言語ユニットを記憶から取り出し、それまでに築いた内的ルールに従って産出します。つまり統語処理をするわけです【図37】。

　アウトプットの効果として、スウェインは主に次の3つを挙げています。

図 37　統語処理

（1）気づき機能　　（Noticing function）
（2）仮説検証機能（Hypothesis-testing function）
（3）メタ言語機能（Metalinguistic function）
この3つの機能について、それぞれに詳しく説明していきます。

（1）気づき機能

　理解することと産出することは違います。本で見て単語や文を理解できても、いざ話そうとするとよく知っているはずなのに出てこなかったりします。アウトプットして初めて、自分が意図することが伝えられないことに気づくのです。つまり伝えたいことと、伝えられることのギャップの存在を認識するのです。

（2）仮説検証機能

　学習者は、能動的に作り上げたルールをもっていますが、それが正しいかはアウトプットして初めてわかります。例えば、「「きれい」は「い」で終わるから「い形容詞」かな？　だから否定形の過去は「くなかった」をつけて「きれくなかった」かな？」と考えて、産出すると、

相手から「違うよ」というフィードバックがもらえます。フィードバックを受けた学習者はアウトプットを修正し、言い換えたりします。または相手から「きれいじゃなかったのね」と正用で聞き返されることもあります。そこで学習者は、仮説が間違っていたこと、そして正用に気づくのです。つまり、アウトプットすることで、自ら作り上げたルールや、語彙や文法に関して手持ちの知識で作り上げている体系が合っているかどうかを検証できます。

（3）メタ言語機能
　（2）の説明と関連しますが、学習者は、アウトプットすることで、産出したことをメタ的に捉えて、自分の言語ルールや体系を見直します。例えば、「「きれい」というのは、「い」で終わるけど、これは例外なのだ」と知ります。「そういえば「きらい」も同じだな」といった具合に、ルールの精緻化が進んでいくわけです。意図に対応するいくつかの表現が候補としてあった場合に、規範の選択肢を選べるようになったり、規範の活用形態を作れるようになったりと、より精密な言語知識と感覚を身につけ知識を管理できるようになるのです。

　これまでの説明から、理解と産出が異なること、そして、なぜインプットだけでは習得が進んでいかないのかがわかったのではないかと思います。
　アウトプットについては、教師が、指導する文法項目の使用を必須とする義務的文脈を設定して後押ししてあげることが大切です。また、学習者が作ったルールが間違っていることに自ら気づかせるような授業デザインも望まれます。

3.4　自動化仮説——宣言的知識と手続き的知識

　話すことは即時的な産出が求められるため、日の浅い学習者はたどたどしい産出になったりします。1 つずつ単語や文法を記憶から呼び起こして組み立てている状態です。ところが慣れてくると考えなくても流暢に話せるようになります。これは知識が自動化されているからです。

　学習者のもっている知識には、宣言的知識と手続き的知識の 2 種類があります。宣言的知識とはことばで説明できる知識のことですが、学校で外国語の勉強をすれば宣言的知識を得ることができます。ただ手続き的知識になっていないとうまく話せません。手続き的知識とは、自転車を漕いだり、車を運転したり、楽器を弾いたりすることによくたとえられますが、要するにハウツウの知識です。このように知識が「わかっている」だけではだめで、「できる」状態にしなければ、目標言語は使えないのです。例えば、①教室学習でルールを知る、次に②わかる、そして③なんとかできる、④無意識にできる状態へともっていかなければ、真に習得したとはいえないでしょう。宣言的知識を手続き的知識へと自動化するにはトレーニングが必要で、①やり方の知識を得る、②そのやり方を実践する、③何度も繰り返して実践する、という段階を踏まなければなりません。

　人間が処理できる容量には限りがあります。1 つのルールについて知識が自動化されると、認知処理に割ける容量が新たに出来ます。その空いた容量を使って、難しいルールを学習できるようになります。何度もインプットを受けたりアウトプットしたりすることで自動化が進み、より複雑な文構造を産出できるようになるのです。

　認知言語学では、一度でも経験したことは記憶に刻まれ、それが繰り返されることで記憶の溝が深まっていくという考え方が根底にあります。宣言的知識が手続き的知識へと変わるかどうかは研究者によって意見がわかれますが、自動化するためにはどうしたらよいかを考える視点は大切です。

> **●Q23**　自分がどのような自動化した知識をもっているか考えましょう。そして自動化に至るまでに、どのようなことをしたか、思い出してみましょう。

3.5　インタラクション仮説──意味交渉

　習得を促進するには、インプットだけではなく、インタラクションが重要であるという仮説があります（Long 1981）。インタラクションとは、言語のやりとりを行うことで、インタラクションでは意味交渉が起きることが重要です。意味交渉とは、ある文脈の中で、ある目的をもってやりとりすることを言います。意味交渉では、話者同士が、意味のある目的をもつと、話者同士わからないところや不明確なところを明らかにしようと質問したり、理解していることを確認しようとしたりします。したがって交わされるインプットは、自然と理解可能なインプットになります。意味がわからないと質問を受けた話者は、アウトプットを修正します。まとめると、インタラクション中では、次のことが可能となります。

　（1）アウトプットの機会が生まれる。

　（2）インプットが学習者にとって理解可能なものとなる。

　（3）修正されたインプットが学習者にフィードバックされる。

　これらにより習得が促進されるのです。

　具体的には、「どういう意味ですか」「わかりましたか」「もうちょっと説明してもらえますか」「何を言いたいのですか」「〜という意味ですか？」といったフィードバックが、意味交渉を引き起こす表現です。

●Q24　教科書のモデル対話を読み合うのと、ある目的をもって対話するのとでは、何が違うのか考えてみましょう。

●Q25　どのような環境で、どのような活動を行うと、活発なインタラクションが生まれ意味交渉が起きるのか、考えてみましょう。教室ではどのような工夫ができるでしょうか。

3.6　フィードバック──明示的・暗示的フィードバック、リキャスト、プロンプト、インテイク

　文法的に正しいことを示すインプットは肯定証拠といい、間違っていることを示すインプットを否定証拠といいます。母語習得では、親が子どもに向かって「その言い方は違っていますよ」とフィードバックすることがあまりないので、否定証拠が欠如しているともいわれます。しかし、第二言語習得では、否定証拠が大切です。

　インタラクションの中でフィードバックが学習者の習得を促進することを述べましたが、ここでは、否定証拠となるフィードバックにも種類があることを説明します。まずは、明示的フィードバックと暗示的フィードバックについてです。「間違えていますよ」と明確に伝えることが明示的フィードバックで、暗示的フィードバックはそれとなく間違っていることを知らせることです【図38】。

　フィードバックのより細かな種類について、具体例を（1）から（6）に示します。

（1）明示的フィードバック
　　会話の流れを遮って間違いを明示的に示す。
　　　S（学習者）：「昨日、家で食べたじゃない」
　　　T（教師）：「それは正しくありません。『昨日、家で食べませんでした』と言ってください」

（2）暗示的フィードバック
　　教師が暗示的に正用に言い直す。
　　　S：「あのドラマは、おもしろい
　　　　　じゃないです」
　　　T：「そうですか。あのドラマ
　　　　　は、おもしろくないですか
　　　　　……」←①

…おもしろいじゃないです。

…おもしろくないですか。

図 38　暗示的フィードバック

（3）メタ言語的フィードバック

　　教師が正用は言わず、何らかの情報を与える。

　　　S：「私は昨日ディズニーランドへ行きます」

　　　T：「それは昨日のことですよね」←②

（4）誘導・引出し

　　a　教師が間違えた部分でポーズ（停止）して、学習者に埋めさせる。

　　　S：「私は、去年フランスに行きます」

　　　T：「私は、去年……」←③

　　b T：「去年のことは、どんな動詞の形を使いますか？」←④

　　c T：「もう1回、言ってもらえますか？」←⑤

（5）繰り返し

　　学習者の誤りを繰り返す。

　　　S：「私は泳ぐできます」

　　　T：「私は泳ぐできます？（トーンを上げる）」←⑥

（6）明確化要求

　　　T：「あなたの言っていることがわかりません。もう1回、お願い
　　　　　します」←⑦

　また、会話の流れを途切れさせることなく教師が自然に正用に言い直すことをリキャストといいます。また明確化要求などで学習者に正しい形を言わせようと誘導するフィードバックをプロンプトといいます。

●Q26　発話の中の①〜⑦は、リキャスト、プロンプトのどちらでしょうか。

●Q27　フィードバックは、学習者のレベルや性格、指摘する誤用の種類、教室の雰囲気によって変えるのが有効です。どのように使い分けたらよいでしょうか。（1）〜（6）について比較してみましょう。あるいは学習者にどのフィードバックを好むか、聞いてみましょう。

　（1）の明示的フィードバックでは学習者はすぐに自分が間違っていたことに気づけますが、初期の学習者は明示的にフィードバックをされると自信を失ってしまうことがあるため注意が必要です。学習者の性格にもよりますが、学習者のレベルが上がると、明示的なフィードバックを好む傾向があるようです。

　（2）の暗示的フィードバックの欠点は、学習者が間違いに気づかない場合があることです。特に、間違いが形態素や音声的に目立たないところだと気づき難いです。よい点としては、正用を伝えるので、学習者は自分が産出した形式と比較し、正用を習得できます。

　（6）の明確化要求のプロンプトはどうでしょうか。間違っていることに気づいても、正しい知識がないと答えられません。よい点としては、学習者が間違っていることに気づき反応しやすいことです。そこで、プロンプトでまず学習者の気づきを促し、教師がリキャストすることで正用を明示してあげるというプロンプトとリキャストの併用がよい場合もあります。具体的には次のような方法です。

　S「刺身は、食べるできます」
　T「よくわからないんですけど……もう一度言ってください」（プロンプト・明確化要求する）
　S「刺身は、食べるできます」
　T「そうですか。刺身は、食べられますか……」（リキャスト・暗示的に正用を言う）

　一連の流れは次のような習得のプロセスとなります。教師は学習者の間違った発話を受けて質問する→学習者は注意を払う（どこか違うのだろう）→教師はインプットを修正し、理解可能なインプットを与える→学習者は比較することで、どこが間違っていたのかに気づく→気づきがインテイクにつながる。インテイクとは、注意を向けて内的システムに取り込むことです。

3.7 指導方法──気づき、Focus on Form、インプット強化

インタラクション仮説では、意味交渉を生む、コミュニケーション重視の授業がよいとされましたが、フィードバックの説明でも述べた通り偶発的に言語形式に注意を向けさせることが重要です。理解されたインプットは、学習者のフィルターを通り、学習者の注意が向けられたもののみがインテイクされ習得される（Long 1996）からです。習得に至るには、気づきが重要なのです（Long 1991）。このような指導方法をFocus on Formといいます。シュミットもまた気づきの重要性を指摘し気づき（noticing）仮説を提示しています（Schmidt 1990）。言語形式をハイライトしたり、下線を引いたり、色を変えることによるインプット強化（input enhancement）を勧めています。これは、教室活動では黒板に書いて示したり、個別指導の時に応用できる方法です。

Focus on Formは、文法や語彙といった形式の教授に焦点を当てる文法訳読法やオーディオリンガル法などに代表されるFocus on Forms、言語形式ではなくコミュニケーション（意味のやりとり）を重視するFocus on Meaningと分けて考えられています。Focus on Forms では、語彙や文法を習っても実際に使えない、あるいは正確さが身についても流暢さがないといった欠点が指摘されてきました。Focus on Meaning は、意味重視のため間違った形式に注意がいかないことから正確さが身につかないという弱さがあります。Fucus on Form は、これらの欠点を補う教授法であるといえます。

近年、Focus on Form の教授法として Task-based Instruction（タスクベースの教授法）が注目されています。タスクとは、目的を達成させるために、文法や語彙などの言語形式だけでなく、意味に注目して言語活動を行うことです。学習者が明確な目的をもって能動的に参加する、まさにアクティブラーニングであるといえます。

3.8 指導による内的システムの再構築

まとめると、インプットがインテイクされるにはインプットを与えるだけでは十分とはいえず、意味交渉を起こすインタラクションや、学習者の気づきを促すといった工夫が必要であるということになります。教育は、

表層の修正ではなく、インテイクによる内的システム全体の再構築を目指すのです【図39】。

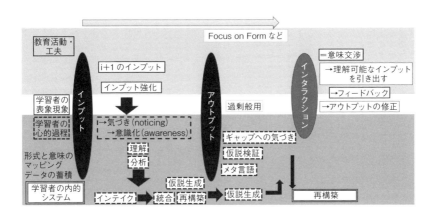

図 39　教育活動・工夫と学習者の表層現象と心的過程・内的システム

3.9　最近接発達領域とスキャフォールディング

　上述のインタラクション仮説では、対話の有効性が示されていました。発達心理学の発達理論においても、社会的相互作用であるコミュニケーションの重要性が指摘されています。ここでは、ヴィゴツキーの最近接発達領域（Zone of Proximal Development: ZPD）（ヴィゴツキー 2001）を紹介したいと思います。

　ヴィゴツキーは、二重発達説といわれる 2 つの発達水準の違いを見つけました。それは、1）発達には、1 人でできることと、他者と一緒であればできることの 2 つの水準がある。2）他者と一緒であればできる領域は、近い将来に独力でもできるようになる領域である、という言説です。この 2）の「近い将来発達するであろう領域」という意味で、ヴィゴツキーは最近接発達領域と言っています。

　ちょっとわかりにくいかもしれないので、具体的に考えてみましょう

【図40】。例えば、A子とB子がいました。2人はテストで、8歳レベルの問題ができました。同一の知能、同じ発達水準であると判断します。ところが他者の助け（支援）を得て問題を解くと、A子は12歳、B子は9歳レベルの問題までできたとします。そうなると、大雑把ではありますが、最近接発達領域がA子は4（12 − 8 ＝ 4）、B子は1（9 − 8 ＝ 1）であるということになり、現在の発達水準に違いが出てきます。

教師は学習者の能力測定のためにテストを使用すると思いますが、テストではわからなかった能力の違いが、最近接発達領域を捉えることで見えるようになります。このように潜在的な発達水準（他者の助けがあればできること）を捉えることの重要性をヴィゴツキーは指摘しているのです。

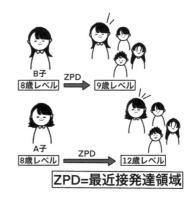

図40　最近接発達領域

この理論を基に考えると、教師や支援者は、学習者が今どのレベルにいるのか、どういう状態にあるのかをもっと細かく知り、最近接発達領域がどこにあるのかを見極めた上で手助けすることが、言語習得や教科学習に有効であるといえます。

このように、現在の発達水準（今できること）と潜在的な発達水準の間を埋めるゾーン（場）を一時的に作り支援することを、スキャフォールディング（＝足場掛け）といいます【図41】。スキャフォールディングという概念に基づいて、どのような教育や支援方法がよいかをまとめると次のようになります。

（1）1人では学習できない。対話的なやりとりや協働の場などの環境を整える。

（2）教師（支援者）は学習者が今どういう状態にあり、最近接発達領

　　域がどこなのかを対話を通して見極める。

（3）独力でできることにはあまり介入せず、できないことを補い、発
　　達を促す。

　この理論の考え方からインタラクション
仮説の有効性も説明することができます。
タスクを考えると同時に、その中でどのよ
うに教師が介入するべきかも考えてみま
しょう。

図41　スキャフォールディング

第4章　おさえるべき学習者の特性

1. 動機づけ

1.1　道具的動機づけと統合的動機づけ

　学習者はそれぞれにビリーフや感情をもっていて得意、不得意もあります。学習者ごとのニーズや動機づけ、また、どのような学習スタイルを望むのか、あるいはどのようなストラテジーを得意とするのか、言語適性が高いのか低いのかなどを可能な限り把握し、個別性を考慮する必要があります。

　情意フィルターのところでも触れましたが、まずは、動機づけが目標言語の達成度に影響します。これは言語の学習に限らないことで、みなさんも経験したことがあると思います。学習者の動機づけが高ければ上達も速く、低ければなかなか上達しません。動機づけは大きく2つに分けられます。それは道具的動機づけと統合的動機づけです。例えば、英語科目で良い点を取りたいから、受験勉強で必要だから、あるいは就職活動のために英検を取得しなければならないからといった理由で、英語を勉強し始め、頑張った人は多いのではないでしょうか。このように、ある特定の目的があって学習するのは、道具的動機づけ（instrumental motivation）といわれます。一方で、欧米の文化に憧れて、その文化を身につけたい、その社会に溶け込みたいと思って学習する場合もあるでしょう。これは統合的動機づけ（integrative motivation）です。日本経済の高度成長・安定期には日本企業で働きたいという理由で日本語を学習する人口が増えたこともありました。現在は、日本のサブカルチャー、ポップカルチャーに惹かれ、日本文化に浸りたい、日本社会に溶け込みたいといった気持ちから学習する外国人も増えてきました。

　もちろん、道具的動機づけで学習を開始したけれども、次第に文化に魅了され統合的動機づけに変わることもあります。

1.2　外発的動機づけと内発的動機づけ

　みなさんは、先生に褒められることでやる気が増したという経験がある
のではないでしょうか。親や先生から褒められたい、他者から認められた
いと思って学習することは、外発的（外的）動機づけ（extrinsic motivation）
といえます。これは、動機づけが、外から得られる報酬や賞罰によって生
まれるというものです。一方で、学習自体が楽しく、興味、関心、好奇心
などから学習するのは、内発的（内的）動機づけ（intrinsic motivation）で
す。達成感を感じることで学習を進めることも後者に相当します。

　このことから、外発的動機づけを高めるには、報酬や賞罰を与えるこ
と、成果を評価してあげることなどが有効と考えられます。内発的動機づ
けが高くなると、自律的に学習を進めることができるようになります。

　このような動機づけは教師が工夫によりコントロールすることもできま
す。学習活動のタスクを考える際、ゲーム形式にして勝敗を競い合わせれ
ば外発的動機づけとなります。さらに、ゲーム自体を楽しいものにすれ
ば、内発的動機づけも高まるでしょう。

　また、子どもには大人とは異なる事情があるため配慮が必要です。大人
と違って子どもは、自分の意思で来日したわけではないし、いつ帰国する
のか、先々のことがわからず、やる気になれないということがあります。
また、親が子どもの教育に熱心でないこともあります。子どもの気持ちに
沿って、内発的、外発的動機づけを工夫してみたらどうでしょうか。

2. 認知スタイル

2.1 場依存型スタイルと場独立型スタイル

　次に、認知スタイルの違いについて述べます。ウィトキンらは、課題遂行の際に視覚的な場に依存する人を場依存的（field dependence）とし、分析的に要素を抽出する人を場独立的（field independence）と説明しました（Witkin & Goodenough 1981）。場依存型／場独立型は、知覚だけでなく知能や人格、対人行動などにおいても見られるということです。

　場依存型スタイルは、全体を直感で理解する能力があり、環境への依存度の高い年少の学習者に多いとされます。場面から発話の意味を全体で捉え、言語使用の中で自然に習得することを得意とします。一方、場独立型スタイルは、分析的で論理的思考力と関連し、年長の学習者が得意であるといわれています。ドリル学習や語彙リストなどの暗記学習を好むのはこちらで、文法ルールや文の構造といった体系的な学習も得意とします。

　学習者は、これらのスタイルを常に固持するわけではなく、状況に応じて選択的に使用できます。教える内容と個々の学習者にとって、どちらのスタイルが有効かを考えながら、教室活動、タスクの種類、課題の与え方を工夫するとよいでしょう。

> ●Q28　勉強の仕方の工夫、つまり学習ストラテジーにはどんなものがあるか考えてみましょう。

2.2 子どもの分析的認知スタイルと全体的認知スタイル

　日本語を第二言語とする子どもを追跡調査した際、他者とのやりとりに積極的で表現全体を捉え固まりのまま産出する子どもを観察したことがあります。そうかと思うと、遊び時間に教室に1人残って日本語の単語を産出して練習している子どももいました。子どもによって好む習得スタイルがあるようです。

　著者の経験を理論的に裏づける、指示（referential）スタイルと表現（expressive）スタイルは、ネルソンが第一言語習得において提唱したもの

です（Nelson 1973）。また、ピータースは、指示スタイルを分析的
（analytic）認知スタイル、表現スタイルを全体的（gestalt）認知スタイルと
しています。

1）分析的認知スタイル
・最初に、事物の名前に注目し産出する
・単一の単語から 2 語文、多語文へ、徐々に長くて複雑な文へと発展さ
　せていく
・初期は内容語を結合させ、電報スタイルをとり、機能語を避ける（例
　want biscuit, open door）
2）全体的認知スタイル
・感情や希望を表現し、社会のルーチンに従って感情も伝達する
・一言一句は不明確だが、メロディーの特徴や重要な音を再生し、文全
　体を産出する
・事物の名前は少なく、機能語が多い
・固まりのフレーズが多い（例 thank you, oh boy, all gone）

　上述した前者の子は全体的認知スタイルをとる子どもであり、後者の子
が分析的認知スタイルをとる子どもであったといえます。
　学習者の好むスタイルに沿って学習を進めさせて、後で補完するような
指導を行うというのも一案かもしれません。ただし、ピータースは、両方
の認知スタイルをストラテジーとして採用しながら言語を習得するとも
言っています。また、幼児よりも少し年齢が上の 5 才〜 7 才の第二言語習
得の子どもは、表現（expressive）スタイルをとるという指摘もあります
（Wong-Fillmore 1976）。

2.3　サイレント・ピリオド

　学習者の中には、一定期間、目標言語を話さない人がいます。目標言語
のことが何もわかっていないのかな、何も理解できていないのかなと思っ
ていたら、ある日、突然話し始めるのです。この沈黙の期間のことをサイ
レント・ピリオドと言います。サイレント・ピリオドとは、インプットを

受けるだけでアウトプットしない状態のことです。この期間に、学習者は何も学習できていないのかというとそうではなく、インプットを蓄積することで内的システムを構築していることが考えられます。見極めの判断が難しいところではありますが、このような状況が推察される場合は、アウトプットを強要しないで見守るのがよいでしょう。

第5章　認知・言語理論から考える日本語教育

　本理論編では、日本語教育の概要を説明した後に、日本語教育にあたり、認知言語学と第二言語習得理論において必要と思われるものに限り、説明を行いました。ここでは、それらを振り返りまとめてみます。

1.1　外界との関係から考えることばの世界

　本編では言語と認知の関係に注目しましたが、外界との関係から考えることばの世界について整理すると、次のようになります。

（1）人間は無限に広がる三次元の外界を有限のことばのラベルを使って表現する。そのため、ことばには意味の拡張や多義性が生じる。

（2）言語の現象やルールは、人間が効率よく記憶できるように、認知能力を駆使して導き出したものである。ゆえに言語の知識の構造体は、広くて深い意味をもつ。

（3）ことばは外界を切り取って貼り付けたものではあるが、人間が人間の視点から能動的に関わり整理した世界である。

1.2　認知能力との関係から考えることばの世界

　次に、認知能力の観点から、人間が作り出すことばの世界をまとめてみます。

（1）人間は外界との能動的な関わりの中で、比較、類推、抽象能力によりカテゴリー（概念）を形成する。

（2）カテゴリーとは、類推、抽象能力により階層性とプロトタイプからの連続性をもつ構造体である。

（3）比較、ゲシュタルト的事態把握と類推、抽象能力により意味の拡張が生じる。

（4）語彙、パターン、構文といった抽象度の異なる知識（スキーマ）を合成し、ネットワーク化する。慣用的に決まった使い方は、連合により知識が結びついている。

　言語習得は、このようなことばの世界を認知能力によって読み解き、知識の構造体やネットワークのシステムを再構築する作業であるといえます。

1.3　認知言語学の知見から考える言語教育

　本章1.1, 1.2でまとめたことを踏まえて、第二言語学習者に対する教育をどのように行ったらよいのかを考えてみると、主に、次の3つのことが言えます。

（1）外界の現象とことばとの関わりを、具体のコンテクストの中で、能動的主体的関わりを通して学ばせる。
（2）母語のラベルから目標言語のラベルへの単純な貼り換え作業ではなく、広くて深い豊かな構造体同士をネットワーク状につなげさせる。
（3）比較、類推、抽象、カテゴリー、連合、合成などの認知能力の活性化を通して学ばせる。

　学習者に用意するプロセスは、環境、年齢、母語にも配慮する必要があり、それによって形式と意味（概念）を結びつける様相も異なります。例えば、第二言語学習者の子どもは、大人に比べると比較的多くのインプットを受け、具体事例からボトムアップで習得するプロセスをたどります。さらに、子どもはどちらかというと具体物や体を使った学習方法を好みます。対する大人は、それまでの経験から抽象化された論理をもっているため、教室学習者であれば、ルールを学んだ後にそれを検証するトップダウンのプロセスをたどります（橋本 2018, 2019）。教室でのインプットや教材により学習者のもつ内的システムをどのように再構築させるのか、学習者ごとに異なる要因に配慮した工夫が大切です。

1.4　第二言語習得理論から考える日本語教育

　第二言語習得理論からは、第二言語の知識がどのようなもので、どのように第二言語として習得されるのかについて説明しました。第二言語習得

は母語を起点とした知識体系の再構築を繰り返すことであるため、教育上
の工夫として次のことが考えられました。教育する内容だけではなく、現
場でどう教授するのかについて有益な示唆が得られると思います。

（1）i ＋ 1 のインプットをたくさん与える。
（2）動機づけを高め、学習者中心の楽しい授業を行う。
（3）アウトプットする機会を与える。
（4）知識を自動化するためのプロセスを与える。
（5）インタラクションを通してタスクなどを遂行させる。
（6）学習者のレベルや性格、誤用箇所を考慮してフィードバックを行
　　い、気づきを促す。
（7）わからないところを見極めて、スキャフォールディングを与える。
（8）学習者ごとの動機づけや認知スタイルに対して、教え方や声がけ
　　を変える。

1.5　1 対 1 対応から豊かな知識体系の発達へ──ネットワークの編み直し

　アンダーソンは、学習者は、初期に One to One Principle で形式と意味を
マッピングすると言っています（Anderson 1984）。ことばの世界を再構築
させるには、1 対 1 対応のマッピングがなされた後の精緻化のプロセスが
重要であると考えます。それは知識の構造体（スキーマ）やネットワーク
を構成するルールを時間をかけて編み直していく作業であり、全体として
合理的で整合性のある組織体へと変容させるためのものだからです。

　学習者のたどる中間言語のプロセスは、現在時点での知識、手持ちの
ルールに基づいて仮説を立て、それぞれ異なるコンテクストや背景知識と
照らし合わせながら、比較、類推、抽象、カテゴリー、連合、合成などの
認知能力を駆使し修正するダイナミックなプロセスといえます。その視点
から、目標言語の規範体系といった教科書に記されているような閉ざされ
たものを目指すのではなく、コンテクストとの相互作用によって生まれる
豊かな意味世界を、能動的に自身の知識体系に取り込み再構築することが
重要なのです。教育において理論を複合的に採用することが役に立つもの
と考えます。

〈参考文献〉

上原聡（2003）「何故プロトタイプ構造か―日本語の「形容動詞」に見るプロトタイプ構
　　造形成の歴史的考察―」山梨正明他（編）『認知言語学論考』3，51-91，ひつじ書房

ヴィゴツキー・レフ・セミョノヴィチ（2001）『思考と言語 新訳版』柴田義松訳，新読
　　書社

奥野由紀子（2005）『第二言語習得過程における言語転移の研究―日本語学習者による
　　「の」の過剰使用を対象に―』風間書房

河上誓作編著（1996）『認知言語学の基礎』研究社

河野守夫編集主幹（2007）『ことばと認知のしくみ』三省堂

国際交流基金「世界の拠点紹介」https://www.jpf.go.jp/j/world/index.html（2022 年 11 月 2
　　日参照）

小柳かおる・峯布由紀（2016）『認知的アプローチから見た第二言語習得―日本語の文
　　法習得と教室指導の効果―』くろしお出版

迫田久美子（2020）『改訂版　日本語教育に生かす第二言語習得研究』アルク出版

辻幸夫編（2013）『新編 認知言語学キーワード事典』研究社

角田太作（1991）『世界の言語と日本語』くろしお出版

寺村秀夫（1982）『日本語のシンタクスと意味 I』くろしお出版

中島和子（2016）『完全改訂版 バイリンガル教育の方法―12 歳までに親と教師ができる
　　こと―』アルク出版

中島和子（2020）『言葉と教育―海外で子どもを育てている保護者のみなさまへ―』公
　　益財団法人海外子女教育振興財団

鍋島弘治朗（2016）『メタファーと身体性』ひつじ書房

西川朋美編著（2022）『外国につながる子どもの日本語教育』くろしお出版

野田尚史・野田春美（2017）『＜アクティブラーニング対応＞日本語を分析するレッスン』
　　大修館書店

橋本ゆかり（2006a）「日本語を第二言語とする英語母語幼児のテンス・アスペクトの習
　　得プロセス―タ形・テイ形の使用について―」『日本語教育』131, 13-22.

橋本ゆかり（2006b）「幼児の第二言語としての動詞形の習得プロセス―スキーマ生成に
　　基づく言語構造の発達―」『第二言語としての日本語の習得研究』9, 23-41, 凡人社

橋本ゆかり（2011）『普遍性と可変性に基づく言語構造の構築メカニズム―用法基盤モ
　　デルから見た日本語文法における第一言語習得と第二言語習得の異同―』風間書
　　房

橋本ゆかり（2012）「のる」他，森山新（編著）『日本語多義語学習辞典―動詞編―』ア
　　ルク出版，407-411, 他

橋本ゆかり (2015)「用法基盤モデルから見た幼児の第二言語としての理由表現の習得プ
　　ロセス―インプットと母語に基づくスキーマの生成と相互作用―」『認知言語学研

究（Journal of Cognitive Linguistics）』創刊号，113-137.

橋本ゆかり（2016）「幼児の第二言語習得」長友和彦（監修）森山新・向山陽子（編著）『第二言語としての日本語習得研究の展望―第二言語から多言語へ』ココ出版，295-322.

橋本ゆかり（2018）『用法基盤モデルから辿る第一・第二言語の習得段階―スロット付きスキーマ合成仮説が示す日本語の文法―』風間書房

橋本ゆかり（2019）「年齢と環境要因による習得プロセスの違い―コーパスから探る習得順序―」野田尚史・迫田久美子（編）『学習者コーパスと日本語教育研究』くろしお出版，169-189.

橋本ゆかり（2021）「言語はどのような認知能力により習得されるのか―第二言語学習者への教育を考える―」『言語習得と日本語教育』創刊号，3-16, 子どもと大人の日本語習得と教育デザイン研究会

橋本ゆかり（2022）「共生社会に向けた年少者日本語教育の課題―グローバルな視点からの意識変革と再構築―」『横浜国大 国語研究』40, 60-72.

早瀬尚子編著（2018）『言語の認知とコミュニケーション―意味論・語用論, 認知言語学, 社会言語学―』開拓社

深谷昌弘・田中茂範（1996）『コトバの〈意味づけ論〉―日常言語の生の営み―』紀伊國屋書店

光元聰江・岡本淑明（2012）『外国人・特別支援児童・生徒を教えるためのリライト教材　改訂版』ふくろう出版

文部科学省「日本語指導が必要な外国人児童生徒の受入れ状況等に関する調査―用語の解説」https://www.mext.go.jp/b_menu/toukei/chousa01/nihongo/yougo/1266526.htm （2022年12月20日参照）

山田純（1975）「英語学習難易度の階層に関する一試論―比較対照分析の視点から」『中国地区英語教育学会研究紀要』5, 10-14.

山梨正明（2000）『認知言語学原理』くろしお出版

Andersen, R. W.（1984）The one-to-one principle of interlanguage construction. *Language Learning*, 34（4）, 77-95.

Carroll, J. B.（1963）Linguistic relativity, contrastive linguistics, and language learning. *IRAL*, 1, 1-20.

Clark, R.（1974）Performing without competence. *Journal of Child Language*, 1(1), 1-10.

Cummins, J.（1980）The cross-lingual dimensions of language proficiency: Implications for bilingual education and the optimal age issue. *TESOL Quarterly*, 14(2), 175-187.

Cummins, J.（1981）Age on arrival and immigrant second language learning in Canada: A reassessment. *Applied Linguistics*, 2(2), 132-149.

Cummins, J.（1984）*Bilingualism and special education: Issues in assessment and pedagogy.*

Multilingual Matters.

Cummins, J.（1986）Empowering minority students: A framework for intervention. *Harvard Educational Review*, 56（1）, 18-36.

Cummins, J.（2000）*Language, power, and pedagogy: Bilingual children in the crossfire*. Multilingual Matters.

Cummins, J. and Swain, M.（1986）*Bilingualism in education*. Routledge.

Dressler, C. and Kamil, M.（2006）First- and second-language literacy. In D. August & T. Shanahan （eds.）, *Developing literacy in second-language learners: Report of the National Literacy Panel on Language-Minority Children and Youth,* 197-238, Lawrence Erlbaum.

Ellis, N.（2003）Constructions, chunking and connectionism: The emergence of second language structure. In J. Doughty & M. Long（eds.）, *The handbook of second language acquisition*, 63-103, Blackwell.

Ellis, R.（1999）Item versus system learning: Explaining free variation. *Applied Linguistics*, 20（4）, 460-480.

Garcia, O. and Wei, L.（2014）*Translanguaging: Language, bilingualism and education*. Palgrave Pivot.

Goldberg, A.（2001）Patient arguments of causative verbs can be omitted: The role of information structure in argument distribution. *Language Sciences*, 23（4）, 503-524.

Goldberg, A.（2019）*Explain me this: Creativity, competition, and the partial productivity of constructions*. Princeton University Press.

Hakuta, K.（1974）Prefabricated patterns and the emergence of structure in second language acquisition. *Language Learning*, 24（2）, 287-297.

Krashen, S.（1977）Some issues relating to the monitor model. *On TESOL,* 77, 144-158.

Krashen, S.（1985）*The input hypothesis: Issues and Implications*. Longman.

Krashen, S. and Scarcella, R.（1978）On routines and patterns in language acquisition and performance. *Language Learning*, 28（2）, 283-300.

Lakoff, G.（1987）*Women, fire, and dangerous things: What categories reveal about the mind*. The University of Chicago Press.

Langacker, R.（1987）*Foundations of cognitive grammar: Volume1: Theoretical prerequisites*. Stanford University Press.

Langacker, R.（1991）*Concept, image, and symbol: The cognitive basis of grammar*. Mountain de Gruyter.

Langacker, R.（2000）A dynamic usage-based model. In M. Barlow & S. Kemmer（eds.）, *Usage based models of language*, 1-64, CSLI Publications.

Langacker, R.（2008）*Cognitive grammar: A basic introduction*. Oxford University Press.

Lenneberg, E.（1967）*Biological foundations of language*. Wiley.

Long, M. H.（1981）Input, interaction and second-language acquisition. In H. Winitz（ed.）, 'Native language and foreign language acquisition', *Annals of the New York Academy of Science*, 379（1）, 259-278.

Long, M. H.（1991）Focus on form: A design feature in language teaching methodology. In De Bot, K., Ginsberg, R. & Kramsch, C.（eds.）, *Foreign language research in cross-cultural perspective*, 39 -52, John Benjamins.

Long, M. H.（1996）The role of the linguistic environment in second language acquisition. In W. C. Ritchie & T. K. Bhatia（eds.）, *Handbook of second language acquisition*, 413-468, Academic.

McLaughlin, B.（1984）*Second-language acquisition in childhood: Volume 1. preschool children*. Lawrence Erlbaum.

Nelson, K.（1973）Structure and strategy in learning to talk. *Monographs of the Society for Research in Child Development*, 38（1-2）, 1-135.

Peters, A.（1983）*The units of language acquisition*. Cambridge University Press.

Pienemann, M.（1998）*Language processing and second language development: Processability theory*. John Benjamins.

Quinn, P., Eimas, P. and Rosenkrantz, S.（1993）Evidence for representations of perceptually similar natural categories by 3-month-old and 4-month-old infants. *Perception*, 22, 463-475.

Radden, G. and Dirven, R.（2007）*Cognitive English grammar*. John Benjamins.

Rescorla, L. A.（1980）Overextension in early language development. *Journal of Child language*, 7（2）, 321-335.

Rosch, E. H.（1973）Natural categories. *Cognitive Psychology*, 4（3）, 328-350.

Schmidt, R. W.（1990）The role of consciousness in second language learning. *Applied Linguistics*, 11（2）, 129-158.

Schmitt, N. and Carter, R.（2004）Formulaic sequences in action: An introduction. In N. Schmitt （ed.）, *Formulaic sequences: Acquisition, processing and use*, 1-22, John Benjamins.

Selinker, L.（1972）Interlanguage. *IRAL*, 10（1-4）, 209-231.

Stockwell, R., Bowen J. and Martin, J.（1965）*The grammatical structures of English and Spanish*. University of Chicago Press.

Swain, M.（1985）Communicative competence: Some roles of comprehensible input and comprehensible output in its development. In S. Gass, & C. Madden（eds.）, *Input in second language acquisition*, 235-253, Newbury House.

Taylor, J. R.（2002）*Cognitive grammar*. Oxford University Press.

Tomasello, M.（1992）*First verbs: A case study of early grammatical development*. Cambridge University Press.

Tomasello, M.（1999）*The cultural origins of human cognition*. Harvard University Press.

Tomasello, M. (2000a) First steps toward a usage-based theory of language acquisition. *Cognitive Linguistics*, 11(1-2), 61-82.

Tomasello, M. (2000b) The item-based nature of children's early syntactic development. *Trends in Cognitive Science*, 4(4), 156-163.

Tomasello, M. (2003) *Constructing a language: A usage-based theory of language acquisition*. Harvard University Press.

Weinreich, U. (1953) *Languages in contact: Findings and problems*. Linguistic Circle of New York.

Witkin, H. A. and Goodenough, D. R. (1981) *Cognitive styles, essence and origins: Field dependence and field independence*. International Universities Press.

Wong-Fillmore, L. (1976) *The second time around: Cognitive and social strategies in second language acquisition*. Doctoral dissertation, Stanford University.

タスク編

橋本ゆかり・編著

大竹文美、安田佳実・著

●●● INDEX ●●●

* すべてのゲームには判定者が必要です

◉使用する認知能力によるタスクゲームの分類◉

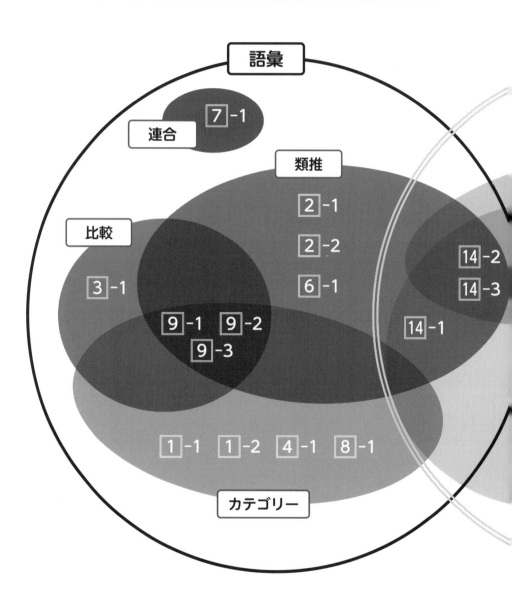

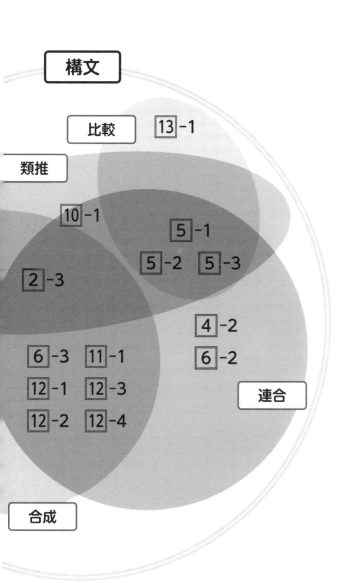

構文

比較　13-1

類推

10-1

2-3

5-1

5-2　5-3

4-2

6-2

6-3　11-1

12-1　12-3

12-2　12-4

連合

合成

＊　このベン図は、「語彙」「構文」のレベルと、主に使う認知部分によってタスクゲームを配置しました。実際には、複数の認知能力を使います。

＊　ゲームの説明では、タスクゲームごとに「語彙」「構文」で色分けしてラベル表示しています。ただし、すべての認知能力を網羅しているわけではありません。

1 属性
類推能力でことばのもつ概念カテゴリーを学ぶ

★ ことばをなかまに分けてみよう

◆リンゴは赤くて、まるくて、甘いくだものです。

リンゴの特徴は〈赤い〉〈まるい〉〈甘い〉〈くだもの〉ということですね。ここでは、同じ特徴を持つものを「なかま（仲間）」といいます。

〈 赤い 〉なかまは　リンゴ、イチゴ、消防車……　です。

〈まるい〉なかまは　リンゴ、ボール、タイヤ……　です。

〈 甘い 〉なかまは　リンゴ、チョコレート……　たくさんあります。

問題1　下の絵を見て、（1）（2）をやってみましょう。

（1）①〜④には、それぞれのなかまにはいるものを見つけて、
　　　（　　　　　　）に書きましょう。同じものを何度使ってもいいです。

① 〈まるい〉なかま　　ひまわり、時計、（　　　　　）（　　　　　）

② 〈 長い 〉なかま　　（　　　　　）（　　　　　）（　　　　　）

③ 〈 赤い 〉なかま　　（　　　　　）（　　　　　）

④ 〈 緑 〉なかま　　（　　　　　）（　　　　　）

（2）⑤〜⑧には、どんななかまができるか、なかまを考えて、
〈　　　　　〉の中になかまを書きましょう。また、そのなかまに
入るものを1つ見つけて（　　　　　）の中に書きましょう。同じ
ものを何度使ってもいいです。

⑤〈　　　　　〉なかま　　トマト・きゅうり・（　　　　　）
⑥〈　　　　　〉なかま　　ポスト・豆腐・（　　　　　）
⑦〈　　　　　〉なかま　　豆腐・大根・（　　　　　）
⑧〈　　　　　〉なかま　　ひまわり・バナナ・（　　　　　）

問題2　同じ場所にあるものや出来事に関係するものもなかまにできます。
（1）下に書いてある場所や出来事に関係があるものをそれぞれ3つ考え
ましょう。
①〈お風呂場にあるもの〉（　　　　）（　　　　）（　　　　）
②〈　台所にあるもの　〉（　　　　）（　　　　）（　　　　）
③〈　　　お正月　　　〉（　　　　）（　　　　）（　　　　）
④〈　　こどもの日　　〉（　　　　）（　　　　）（　　　　）

（2）下の〈　　　　　〉の中には何のなかまか書きましょう。
（　　　　　）の中にはどんなものがあるか考えて書きましょう。
①〈学校に持っていくもの〉（　　　　）（　　　　）（　　　　）
②〈　　　　　　　　　　〉（　トンボ　）（　アリ　）（　セミ　）
③〈　教室にあるもの　　〉（　　　　）（　　　　）（　　　　）
④〈　　　　　　　　　　〉（　宿題　）（　お盆　）（　絵日記　）
⑤〈　　　　　　　　　　〉（　桜　）（　入学式　）（　ひな祭り　）

1 1.『なかまことばゲーム』（2人〜）

★ 準備するもの ★

・名詞カードⅠ、Ⅱ、Ⅲ （付録）

・用紙（数枚）

★ 遊び方 ★

1．カードをバラバラにおく。

2．どんななかまで分けられるかを考えて書き出す。

＊　同じカードは何回使ってもよい。

3．たくさんなかまを考えた人（チーム）の勝ち。

〈例〉

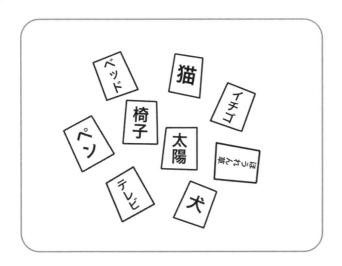

椅子、太陽、イチゴ、リンゴ、ライオン、バナナ、テレビ、トマト、猫、
ほうれん草、きゅうり、ペン、ベッド、犬

◉なかま1〈まるい〉→　トマト、リンゴ、太陽

◉なかま2〈4本足〉→　椅子、ベッド、犬、猫、ライオン

◉なかま3〈赤い〉→　トマト、リンゴ、イチゴ、太陽

◉なかま4〈細い〉→　ペン、バナナ、きゅうり

◉なかま5〈野菜〉→　ほうれん草、トマト、きゅうり

習得ポイント

物の特徴を多方面から考え、共通性からカテゴリー化できるようにする。

1 2. 『場所_{ばしょ}でなかまづくりゲーム』（2人_{ふたり}～）

★ 準備_{じゅんび}するもの ★

・場所_{ばしょ}カード　（付録_{ふろく}）

・出来事_{できごと}カード　（付録_{ふろく}）

★ 遊_{あそ}び方_{かた} ★

1．場所_{ばしょ}カードと出来事_{できごと}カードを混_まぜて真_まん中_{なか}に山_{やま}にして置_おく。

2．山_{やま}からカードを1枚_{まい}引_ひく。

3．出_でたカードの場所_{ばしょ}・出来事_{できごと}で使_{つか}うものや関係_{かんけい}のあるものを1人_{ひとり}ずつ順番_{じゅんばん}に名前_{なまえ}を言_いっていく。

4．言_いえなくなった人_{ひと}は抜_ぬけて、次_{つぎ}の人_{ひと}は山_{やま}からカードを1枚_{まい}引_ひく。

5．3～4を繰_くり返_{かえ}し、最後_{さいご}まで残_{のこ}った人_{ひと}が勝_かち。

〈例〉

台所: お玉、フライパン、包丁、まな板

風呂場: 湯舟、シャワー、椅子、石鹸、シャンプー、リンス

教室: 黒板、チョーク、机、椅子

校庭: ジャングルジム、鉄棒

運動会: 大玉、ゼッケン、はちまき

誕生会: ケーキ、プレゼント

習得ポイント

場面や出来事と関連づけて物の名前を覚える。

2 様子・気持ちを表すことば
類推能力でことばの概念と使用コンテクスト（構文）を学ぶ

★ 様子や感情をことばで表してみよう

様子を表すことばには、形、色、音、味、触った感じなどを表すものと気持ちを表すものがあります。

問題1　次の物はどんな様子をしていますか。下の四角の中から番号を3つ以上選びましょう。同じ番号を2回使ってもいいです。

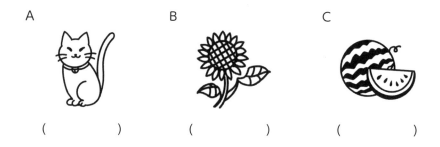

A　　　　　　　　　B　　　　　　　　　C

（　　　　　）　　（　　　　　　）　　（　　　　　）

① 丸い	② かわいい	③ おいしい	④ 元気だ
⑤ 白い	⑥ おとなしい	⑦ 赤い	⑧ 緑
⑨ 小さい	⑩ いたずらだ	⑪ 甘い	⑫ 黄色
⑬ 静かだ	⑭ 大きい		

問題2

（１） 次の顔はどんな気持ちを表していますか。下の四角の中から番号を
　　　3つ以上選びましょう。同じ番号を2回使ってもいいです。

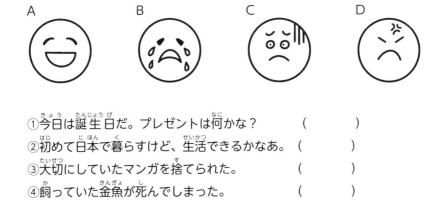

A　　　　　　　　　　B　　　　　　　　　　C

（　　　　　　　）（　　　　　　　）（　　　　　　　）

① 嫌だ	② 嬉しい	③ 寂しい	④ 楽しい
⑤ 痛い	⑥ 不安だ	⑦ 怖い	⑧ 好きだ
⑨ おもしろい	⑩ 残念だ	⑪ つらい	⑫ 悲しい

（２） 下のA〜Dの顔の表情は下のどの文に当てはまりますか。1つ選び
　　　ましょう。同じ記号を2回使ってはいけません。

A　　　　　　B　　　　　　C　　　　　　D

①今日は誕生日だ。プレゼントは何かな？　　　（　　　　　）

②初めて日本で暮らすけど、生活できるかなあ。（　　　　　）

③大切にしていたマンガを捨てられた。　　　　（　　　　　）

④飼っていた金魚が死んでしまった。　　　　　（　　　　　）

2 1.『３ヒントことばあてゲーム』（４人～）

★ 準備するもの ★

・名詞カードⅡ、Ⅲ　（付録）

★ 遊び方 ★

1．２対２またはチームで対戦し、同じチームの中で、ヒントを出す
　　人と答える人を決める。

2．１人がカードを引き、周りには見せずに、同じチームの答える人
　　にヒントを出す。

3．同じチームの答える人がヒントから何のカードかを当てる。

4．ヒントは３回までしか出せない。

5．１回目のヒントで当てれば、30点、２回目20点、３回目10点のよ
　　うに得点制にし、最後に合計点が多いチームの勝ち。

　　＊　高い得点を取るためにヒントを出す順番を考える

≪レベルアップ≫
1回目のヒントを助数詞、2回目、3回目は特徴を表すことばと指定する。

〈例〉

豆腐
⇒ヒント1回目：白い　2回目：四角い　3回目：おいしい

アイスクリーム
⇒ヒント1回目：白い　2回目：冷たい　3回目：おいしい

〈レベルアップの例〉

とうふ　⇒ヒント1回目：一丁　2回目：白い　3回目：おいしい

クジラ　⇒ヒント1回目：一頭　2回目：泳ぐ　3回目：大きい

習得ポイント
概念を表す表現が身につくようにする。

2 2.『どんな気持ち？ゲーム』（2人～）

★ 準備するもの ★

・顔の表情カード （付録）　　＊顔文字を使用するのもよい。

★ 遊び方 ★

1. カードを裏返して真ん中に山にして積んでおく。

2. 上から1枚引き、出た顔について、どういう感情を表しているか、順番に一言で言う。

3. 言えなくなったら負け。最後まで残った人が勝ち。

〈例〉

 ⇒ 困る、悲しい、寂しい、ショック、失望する　など。

 ⇒ 嬉しい、楽しい、おいしそう、お腹いっぱい、おもしろい、笑える、可笑しい、など。

 ⇒ 嬉しい、成功した、了解、ありがとう、頑張る、など。

習得ポイント

表情に現れる心情を表現できるようにする。

2 3.『気持ちで文づくりゲーム』（2人〜）

★ 準備するもの ★

・中の句カード　（付録）

・下の句カードⅠ　（付録）

★ 遊び方 ★

1. カードを取る順番を決める。

2. 中の句、下の句カードを1枚ずつ取り、上の句の名詞、助詞は自分で考えて文を作る。

3. 交互に文を作っていき、多くできた人の勝ち。

上の句
自分で考える（名詞と助詞）

中の句

| 遊んで | 別れて | 会えて | ほめるのが |

下の句

| 嬉しい | 楽しかった | 悲しい | 上手だ |

〈完成例〉

上の句（自作）		中の句	い形容詞／な形容詞
名詞	助詞		
家族	に	会えて	嬉しい
恋人	と	別れて	悲しい
友だち	と	遊んで	楽しかった
子ども	を	ほめるのが	上手だ

習得ポイント

感情を表す構文が身につくようにする。

③ 対のことば

相対・比較能力で対のことばの概念を学ぶ

★ ことばの対を考えてみよう

◆A、B、C、Dは、反対の意味を表す形容詞です。

A

B

D

C

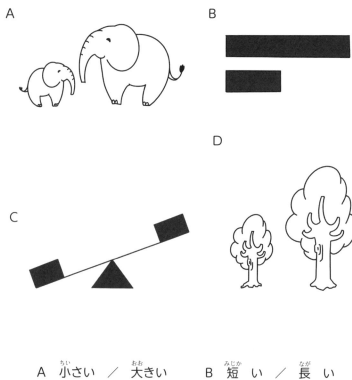

A 小さい ／ 大きい　　B 短 い ／ 長 い

C 重 い ／ 軽 い　　D 低 い ／ 高 い

◆E、F、Gも対のことばです。

      E　おかあさん　/　おとうさん
      F　お と な　/　子 ど も
      G　女 の 子　/　男 の 子

◆H、I、Jのように動きを表す対のことばもあります。

      H　座 る　/　立 つ
      I　乗 る　/　降りる
      J　歩 く　/　走 る

問題

（1）　下のことばの対のことばを考えましょう。

①大 き い　←——→　（　　　　　　　　）
②少 な い　←——→　（　　　　　　　　）
③おじいさん　←——→　（　　　　　　　　）
④　白　←——→　（　　　　　　　　）
⑤先　生　←——→　（　　　　　　　　）
⑥寝　る　←——→　（　　　　　　　　）
⑦買　う　←——→　（　　　　　　　　）

（2）　他にどんな対のことばがあるか考えてみましょう。

③ 1.『対のことばゲーム』（2人～）

★ 準備するもの ★

・動詞カード　（付録）

・い形容詞・な形容詞カード　（付録）

・名詞カードⅠ　（付録）の中で対のことばが作れるものを使用。
適宜語彙カードを作って加える。

★ 遊び方 ★

① カードを裏返しにし、真ん中に山にして積んでおく。

② 上から1枚めくって、出たカードの反対ことばを早く答えられる
とそのカードをもらえる。

③ たくさんカードを取った人が勝ち。

〈例〉

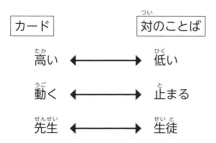

カード		対のことば
高<small>たか</small>い	←――→	低<small>ひく</small>い
動<small>うご</small>く	←――→	止<small>と</small>まる
先生<small>せんせい</small>	←――→	生徒<small>せいと</small>

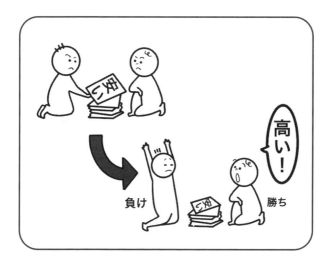

習得ポイント

語彙<small>ごい</small>を対<small>つい</small>にして整理<small>せいり</small>して覚<small>おぼ</small>えるようにする。

④ 名詞と い・な形容詞
類推能力により形容詞カテゴリーと形態上のカテゴリーを学ぶ

★ 様子を表すことばを使ってみよう

　様子を表すことばは、い形容詞とな形容詞の2種類があります。2つの形容詞の形を比べてみましょう。

　名詞を修飾するとき、い形容詞は暑い日といった具合に、「～い＋名詞」となり、な形容詞は、「きれいな海」といった具合に、「～な＋名詞」となります。

　述語では、い形容詞は「～い。」、な形容詞は「～だ。」となります。

　否定形は、い形容詞は「～くない」となり、な形容詞は、「～じゃない」（ではない）となります。

　過去形はどうでしょう。い形容詞は活用し「暑かった」、な形容詞は「きれいだった」となります。

　否定の過去形はどうでしょう。い形容詞は、「暑くなかった」、な形容詞は「きれいじゃなかった」（ではなかった）となります。

＊ 「～い」で終わるものをい形容詞と考えますが、「きらい」「きれい」はな形容詞なので、気をつけましょう。

問題1　次のものをい形容詞は○、な形容詞は□で囲みましょう。

　　　大きい　　幸せ　　良い　　楽　　新しい　　にぎやか

　　　きれい　　大丈夫　　嫌

問題2　リスト（付録）のどれが、い形容詞か、な形容詞かを覚えたら、名詞・形容詞の単語を切り取って名詞か形容詞かを当ててみましょう。

問題3　形はどのように変わるでしょうか。（　）にひらがなをいれてみましょう。

（1）寒い
　①今日はさむ（　　　　　　　　　）。（現在形）
　②昨日はさむ（　　　　　　　　　）た。（過去形）
　③明日はさむ（　　　　　　　　　）ない。（否定形）
　④昨日はさむ（　　　　　　　　　）た。（否定過去形）

（2）　きれい
　①湖の水はきれ（　　　　　　　　　　　）。（現在形）
　②数年前、この海の水はきれ（　　　　　　　　）た。（過去形）
　③この海の水はきれ（　　　　　　　　）ない。（否定形）
　④数年前、この川の水はきれ（　　　　　　　　）た。（否定過去形）

ところで、な形容詞なのか、名詞なのかわからないことがあります。
　名詞の場合は、「～＋の＋名詞」となり、な形容詞の場合は、「～＋な＋名詞」となります。

問題4　な形容詞と名詞と両方で使えるものもあります。次の（　　）に何がはいるでしょうか？
（1）元気（　）人　　元気（　）源/秘訣
（2）平和（　）象徴　　平和（　）日常
（3）幸せ（　）条件　　幸せ（　）人
（4）健康（　）人　　健康（　）秘訣

4 1.『名・形カテゴリーあてゲーム』（2人〜）

★ 準備するもの ★

・い形容詞・な形容詞カード　（付録）

・名詞カードⅠ、Ⅱ、Ⅲ　（付録）

・オールマイティーカード　（付録）　　＊　数名分コピーして使う。

・い形容詞・な形容詞リスト　（付録）

★ 遊び方 ★

1. 1人4枚ずつ手元に配り、残りは裏返して前に山にして積んでおく。

2. 山の1番上のカードを開いて置き、そのカードと同じ品詞のカードを持っていれば前に出すことができる。置く順番はじゃんけんなどで勝った人から時計回りに進んでいく。

3. 同じ品詞がなく、出せない場合は次の人に進む。ただし、オールマイティーカードがあれば、そのカードを出すことができ、次からの品詞を自分の都合がいいように指定できる。

4. 早く手持ちのカードがなくなった人の勝ち。

習得ポイント

い形容詞、な形容詞、名詞の区別ができるようにする。

4 2.『名・形リズムゲーム』（2人〜）

★ 準備するもの ★

・い形容詞・な形容詞リスト　（付録）

★ 遊び方 ★

1. 円になって座る。

2. 手拍子でリズムをとりながら順番に「い形容詞」/「な形容詞」/「名詞」のカテゴリーからどれか1つの単語を指定する。(例：かわいい)

3. 次の人は前の人が指定した単語に名詞の単語を接続させて言う。(例：かわいい犬)　その後、前の人が指定したように次の人に「い形容詞」/「な形容詞」/「名詞」を1つ指定する。(例：元気)

4. 2→3を繰り返し行う。

5. リズムを乱したり、接続を間違えたりしたら負け。

≪レベルアップ≫
　否定形（〜ない）を入れたり、リズムを早くしたりして行う。
　（例：かわいい　ない→　かわいくない犬）

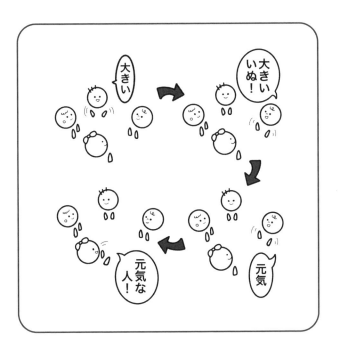

習得ポイント
　い形容詞・な形容詞を覚えた後、名詞を正確に接続できるようにする。

5 多義語
類推能力によりことばのもつ意味の拡張を学ぶ

★ ことばのもつたくさんの意味を考えてみよう

1つのことばには、いろいろな意味があります。それを多義語といいます。みなさんがよく使っていることばにもたくさんあります。

問題1 次のことばで考えてみましょう。どんな意味があるでしょうか。動詞（動きを表すことば）と形容詞（物の様子や状態を表すことば）から選んで辞書で調べてみましょう。

（1） 動詞（動きを表すことば）

あう　　かける　　しめる　　たつ　　だす　　つける　　つく

とる　　のる　　のぼる　　なる　　つくる

（2） 形容詞（物の様子や状態を表すことば）

小さい　　大きい　　高い　　長い　　短い　　あつい

あたたかい　　冷たい

問題2 次の（ ）に同じ動詞が入ります。考えて下線部に書いてみましょう。

（1） ソースを（ 　 ）　　椅子に腰を（ 　 ）　　洋服を（ 　 ）
眼鏡を（ 　 ）

→ _____

（２） 紙で飛行機を（　　）　　　列を（　　）　　　友達を（　　）
　　　時間を（　　）

　　　　　→ _____

（３） 席を（　　）　　　台の上に（　　）　　　相手の立場に（　　）

　　　　　→ _____

（４） おまけが（　　）　　　シャツにしみが（　　）
　　　洋服にポケットが（　　）ている　　　よい習慣が身に（　　）

　　　　　→ _____

問題３ 次の絵①から④の意味を表すのに、同じ動詞を使います。動詞は何でしょう？そして、どうしてでしょうか。

ヒント１　図で表した矢印に注目してください。
ヒント２　文にすると、次のようになります。
①車に（　　）　②リズムに（　　）　③波に（　　）　④誘いに（　　）

　　　同じ動き（図中矢印）を中心義と言います。ことばは中心義から多義へと派生しているのです。問題２の中心義を絵で表してみましょう。

⑤ 1. 『多義絵ゲームⅠ』（2人）

★ 準備するもの ★

・多義絵ゲーム用ことばリストの例　（付録）

・用紙　（A4を2つあるいは4つ折りにする）

　　＊　描く絵の数によって折り方を変える。

・筆記用具　（色鉛筆）

★ 遊び方 ★

1．ペアで行う。

2．それぞれ、リストから1つことばを選ぶ。この時に相手には教えない。そのことばにつき2つ以上の意味を考えて、絵に描く。
　　＊　漢字が異なってもここでは良しとする。

3．相手と見せ合って、相手の絵が何のことばかを当てる。

4．互いに絵の説明を行い、話し合う。

5．どの絵が1番上手にことばを表しているかを決める。

≪レベルアップ≫
・母語と比較する。　・漢字が同じかどうかを考える。
・共通する中心義を考える。

〈例〉

・名　詞：　あたま→（人の）頭、マッチ棒の頭

・動　詞：　のる→車に乗る、調子に乗る、波に乗る、誘いに乗る

・形容詞：　小さい→サイズが小さい、背が小さい

習得ポイント

頭の中にある多義の意味をすべてアウトプットし、1つのことばには複数の意味や用法があることに気づけるようにする。中心義から派生義への拡張（つながり）を理解できるようにする。

5 2.『多義絵ゲームⅡ』（3人〜）

・・

★ 準備するもの ★

・5 1の『多義絵ゲームⅠ』と同じ

★ 遊び方 ★

1．グループを複数作る。

2．先生がリストから単語を選ぶ。

3．各グループから1人代表者を出し、先生に選んだことばが何か
　を聞く。

4．代表者は2つ以上の絵を考えて描く。

5．同じグループの人がことばを当てる。速く当てたほうが1ポイン
　ト。

6．グループの人数分繰り返し、ポイントが多いグループが勝ち。

　＊　このゲームで描いた絵が 5 3のカードとして使える。

≪レベルアップ≫

・母語と比較して、違いを発表し合う。

・漢字が同じかどうかを考える。

・共通する中心義を考える。

習得ポイント

頭の中にある多義の意味をすべてアウトプットし、1つのことばには複数の意味や用法があることを理解できるようにする。中心義から派生義への拡張（つながり）を理解できるようにする。

5 3.『多義絵かるたゲーム』（3人〜）

. . . .

★ 準備するもの ★

・5 2の『多義絵ゲームⅡ』をやって、その時に描いた絵（1つずつ、絵を切って、かるた風にする）

・絵の読み札を作る（グループの数分）

★ 遊び方 ★

1. グループから1名読み手を決める。読み手は、自分のグループの読み札と絵カードをすべてもち、他のグループへ移動する。

2. 移動先のグループで、かるたを行う。

3. たくさん見つけた人が勝ち。合っているかどうかの判断は読み手がする。

習得ポイント

1つのことばには複数の意味や用法があることを推測力を働かせて理解できるようにする。

6 オノマトペ
音類推能力により感覚とことばの結びつきと使用コンテクスト（構文）を学ぶ

★ 音や様子の感覚をことばにつなげよう

　聞こえたままをことばで表したり、様子や態度をイメージのことばで表したりすることがありますが、日本語には、特にたくさんあります。

　オノマトペの１つである擬音語に、犬がわんわんほえる、ドアをどんどんたたく、などがあります。これは聞こえたままをことばで表したものです。

　ところが、音で聞こえないオノマトペもあります。オノマトペがあると態度や様子がわかりやすくなります。例えば、おじいさんが歩く場合、オノマトペを使うとどんなふうに歩いているのかがよくわかります。

おじいさんがすたすた歩く

おじいさんがのろのろ歩く。

　オノマトペは、助詞と一緒に用いたり、決まった動詞と用いたりといろいろな使い方があります。注意してみてみましょう。

パターン1 [　　　　]する

にこにこ する　　きらきら する　　どきどき する　　ぽかぽか する

パターン2 [　　　　]と 動詞（どうし）

雪（ゆき）が ぱらぱら と 降（ふ）る　　胸（むね）が きゅーん* と する

そろそろ と 歩（ある）く　　ばたん* と 閉（し）める

＊　パターン2の「きゅーん」と「ばたん」はこのパターンでしか使（つか）えません。

パターン3 [　　　　]に なる

つるつる に なる　　ぴかぴか に なる

パターン4 [　　　　]動詞

雨が [ざーざー] 降る　漫画を読んで [げらげら] 笑う　[ぱくぱく] 食べる

【Column】1語で気持ちや様子を表す方法が漫画でよく使われています。例えば、「ガーン」「ぐさっ」「いらっ」「バーン」「キュン」などです。漫画には、普段使わないようなオノマトペもあります。注意して見てみましょう。オノマトペがあるのとないのと、どんなふうに印象が違うか、考えてみましょう。

ガーン

問題1　次のオノマトペはどんな動詞と一緒に使うでしょうか。表現を丸でかこみましょう。

（1）じろじろ（見る　聞く　話す）

（2）ぱくぱく（食べる　飲む　歩く）

（3）もぐもぐ（歩く　食べる　泳ぐ）

（4）ごくごく（飛ぶ　飲む　話す）

＊　いろいろな動詞とくっつくことのできるオノマトペは次のようなものです。
　　「すらすら」は（読む、書く、言う）の全ての動詞とくっつくことができます。

問題2　同じ動詞でも、オノマトペを使えばその程度や様子の違いを表す
　　　　ことができます。イメージがどのように違うか考えましょう。み
　　　　んなでやってみましょう。

（1）　泣く　しくしく泣く　わーわー泣く　ぎゃーぎゃー泣く

（2）　笑う　げらげら笑う　けらけら笑う　くすっと笑う
　　　　くすくす笑う　にこにこ笑う　にたにた笑う

（3）　歩く　どんどん歩く　とぼとぼ歩く　だらだら歩く　ばたばた歩く

（4）　見る　じろじろ見る　ちらっと見る　じっと見る

（5）　寝る　ぐうぐう寝る　すやすや寝る

（6）　食べる　ばくばく食べる　ぱくぱく食べる　くちゃくちゃ食べる
　　　　ちょぼちょぼ食べる

問題3　どの状態を表しているのか、絵を選んでみましょう。

（1）　どんなふうに痛いのかな？　　＊　2回選んでもいいです。

①ずきずき痛い　②がんがん痛い　③しくしく痛い
④きりきり痛い　⑤ひりひり痛い

ア　　　　　　　　イ　　　　　　　　ウ　　　　　　　　エ

（　　　　　　）（　　　　　　　）（　　　　　　　）（　　　　　　）

（2）　どんな髪の毛かな？

①つやつやしている（　）②さらさらしている（　）③ごわごわしている（　）
④べたべたしている（　）⑤ぺたっとしている（　）⑥ふんわりしている（　）

ア　　イ　　　ウ　　エ　　　オ　　カ

6 1.『オノマトペ・ジェスチャーゲーム』(2人〜)

★ 準備するもの ★

・オノマトペカード　(付録)

★ 遊び方 ★

1.　1人がカードを選ぶ。(例：シクシク)

2.　カードを選んだ人は、他の人に見えないように、書いてあるオノマトペを、音を出さずにジェスチャーで表現する。

3.　他の人は、そのオノマトペが何なのか当てる。

コンテクストとオノマトペのマッピングを促し、使えるようにする。

6 2.『音あてゲーム』（ペア、グループ）

★ 準備するもの ★

・名詞カードⅡ、Ⅲ　（付録）

★ 遊び方 ★

1．カードを裏にして置く。

2．ペアまたはグループの1人が1枚カードを引く。

3．カードは見せずに、オノマトペでそのカードを表現し、同じグループの他の人に当ててもらう。ジェスチャーは禁止。

　　＊　既存の表現だけでなくイメージを表したものでもよい。

4．ヒントのオノマトペが少ない方が勝ち。

　　＊　個人戦も楽しめる。ヒントを出す人を決めて、その人が引いたカードを音で表し、他の人たちが回答者となる。当てた人がカードをもらえ、たくさんカードをもらった人の勝ち。

〈例〉

ジャージャー、ザーザー、ポツポツ、しとしと　　　　⇒　雨

ふかふか、もわもわ、ほかほか、ぽかぽか、ふわふわ　　⇒　ふとん

ワンワン（日本）、バウワウ（アメリカ）、モンモン（韓国）⇒　犬

＊　国によって、犬のなき声の表現が違います。

【習得ポイント】

国によってオノマトペの使用が異なるため、その多様性に気づくとともに日本での表現に慣れるようにする。オノマトペを使って豊かな表現力を身につけるようにする。

6 3.『オノマトペ合わせゲーム』(2人〜)

★ 準備するもの ★

・オノマトペカード　(付録)

・下の句カードⅡ　(付録)

★ 遊び方 ★

1. カードを取る順番を決める。

2. オノマトペと下の句を1枚ずつ取り、上の句は自分で考えて文を作る。オノマトペと下の句の接続も適切にできるように考える。

3. 交互に文を作っていき、多くできた人の勝ち。

　* オノマトペの代わりに適当な副詞カードと下の句カードを作って同じルールで楽しむことができる。

〈例〉 オノマトペ編

上の句
<ruby>上<rt>かみ</rt></ruby>の<ruby>句<rt>く</rt></ruby>

自分で考える

オノマトペ

ぽかぽか	きらきら	げらげら	どきどき

下の句
<ruby>下<rt>しも</rt></ruby>の<ruby>句<rt>く</rt></ruby>

輝いている	話せない	笑った	いい気持ち

完成例

上の句（自作）	オノマトペ	と／して	下の句
お風呂に入ると	ぽかぽか	して	いい気持ち
彼に会うと	どきどき	して	話せない
映画を見て	げらげら	と	笑った
星が	きらきら	と	輝いている

習得ポイント

オノマトペ、副詞を適切に使って、様態を詳しく表現できるようにする。特にオノマトペは副詞になるものと動詞（〜する）になるものがあるため、文を作ることで理解できるようにする。

7 助数詞
類推能力により助数詞の概念カテゴリーを学ぶ

★ 数え方のなかまをみつけてみよう

　数字は1（いち）2（に）3（さん）4（し／よん）5（ご）6（ろく）7（なな／しち）8（はち）9（きゅう）10（じゅう）と読みます。
　リンゴを数えるときには、1つ、2つ、3つのように「つ」をつけて数えます。「つ」をつけると、ひとつ、ふたつ、みっつ、よっつ、いつつ、むっつ、ななつ、やっつ、ここのつ、と読み方が変わります。
　日本語は数を数えるときの数え方がなかまによって違います。どんななかまによってどんなふうに変わるでしょうか。

　人を数える時にはどうでしょうか？

4人（よにん）

　1人（ひとり）、2人（ふたり）、3人（さんにん）、4人（よにん）、5人（ごにん）、6人（ろくにん）、7人（しちにん）、8人（はちにん）、9人（きゅうにん）、10人（じゅうにん）と、読み方が変わります。

◆下の表はよく使う数え方です。どの数え方を知っていますか。

紙 薄いもの	枚	Aグループ	いちまい にまい さんまい よんまい ごまい ろくまい ななまい はちまい きゅうまい じゅうまい
鳥	羽		いちわ にわ さんわ よんわ ごわ ろくわ ななわ はちわ きゅうわ じゅうわ
車、自転車 大きい家電	台		いちだい にだい さんだい よんだい ごだい ろくだい ななだい はちだい きゅうだい じゅうだい
小さい 生き物・魚	匹	Bグループ	いっぴき にひき さんびき よんひき ごひき ろっぴき ななひき はっぴき きゅうひき じゅっぴき
長いもの	本		いっぽん にほん さんぼん よんほん ごほん ろっぽん ななほん はっぽん きゅうほん じゅっぽん
建物	階	Cグループ	いっかい にかい さんかい（さんがい） よんかい ごかい ろっかい ななかい はっかい きゅうかい じゅっかい
本・ノート など	冊	Dグループ	いっさつ にさつ さんさつ よんさつ ごさつ ろくさつ ななさつ はっさつ きゅうさつ じゅっさつ
大きな動物	頭		いっとう にとう さんとう よんとう ごとう ろくとう ななとう はっとう きゅうとう じゅっとう

問題1　数え方にはいくつかの特徴があります。表の中のA・B・C・D
　　　　のそれぞれのグループにはどんな数え方のきまりがありますか？
　　　　考えてみましょう。

（1）Aのきまり

_____

（2）Bのきまり

_____

（3）Cのきまり

_____

（4）Dのきまり

_____

問題2　次の物の数え方はどのように数えるかひらがなで書きましょう。
　　　　（　　）の中は数を表します。表を見て考えて書きましょう。

例　みかん（2）　　　ふたつ

（1）　大　根（3）　_____

（2）　ね ず み（5）　_____

（3）　バ　ス（1）　_____

（4）　タ オ ル（4）　_____

（5）　ライオン（8）　_____

（6）　カ ラ ス（2）　_____

（7）　絵　本（9）　_____

（8）　デパートのおもちゃ売場（6）　_____

【Column】
こんな数え方もあります。知っている数え方はありますか？ 表の中の各グループと同じ数え方の決まりがあります。

ご飯	杯（はい）	⇒	1杯、2杯、3杯	Bグループ
飛行機	機（き）	⇒	1機、2機、3機	Cグループ
年齢	歳・才（さい）	⇒	1歳、2歳、3歳	Dグループ
靴、靴下	足（そく）	⇒	1足、2足、3足（ぞく）	Dグループ
豆腐	丁（ちょう）	⇒	1丁、2丁、3丁	Dグループ
洋服	着（ちゃく）	⇒	1着、2着、3着	Dグループ

7 1. 『数え歌ゲーム』（2人〜）

★ 準備するもの ★

・名詞カードⅠ、Ⅱ、Ⅲ　（付録）

＊　助数詞が違う名詞カードを数枚選び出す。

★ 遊び方 ★

1. 名詞カードから1枚を引く。

2. 「10人のインディアン」の歌のリズムに合わせて行う。

3. 引いた名詞カードに助数詞をつけて順番に歌っていく。
（「魚カード」の場合：「いっぴき、にひき、さんびき魚」までを1人が担当し、交代しながら進んでいく）

4. 時間と人数によって勝者や敗者に関するルールは適宜決めるとよい。（間違ったら、その場で立つ。最後まで座っていられた人が勝ち。／立っている人が2順目で正しく歌えたら、座れる。など）

≪レベルアップ≫
難しい助数詞（テレビ、ライオン、家、など）のカードを使うとよい。

〈例〉　＊　次のページ参照

「10人のインディアン」の歌

　　　1人、2人、3人のインディアン♪

　　　4人、5人、6人のインディアン♪

　　　7人、8人、9人のインディアン♪

　　　10人のインディアンボーイ〜♪

習得ポイント

助数詞は、勉強する時間数も少なく、習得に時間がかかることが多いので、歌に合わせて、楽しく覚えられるようにする。

〈例〉

魚 ⇒ （1人目） いっぴき、にひき、さんびき魚

　　　（2人目） よんひき、ごひき、ろっぴき魚

　　　（3人目） しちひき（ななひき）、はっぴき、きゅうひき魚

　　　（4人目） じゅっぴき（じっぴき）魚

＊ 順番が4人目になるとラッキーなので、場が盛り上がる。

〈例〉

ケーキ　⇒　（1人目）　ひとつ、ふたつ、みっつケーキ

　　　　　　　　（2人目）　よっつ、いつつ、むっつケーキ

　　　　　　　　（3人目）　ななつ、やっつ、ここのつケーキ

　　　　　　　　（4人目）　とおケーキ

* 　原曲では数字と名詞の間に「の」が入っているが、練習では「の」を入れずに練習する方が、単純に助数詞と名詞の関係を強調して練習することができる。

8 ひらがな・カタカナ
使用文字からカテゴリーを学ぶ

★ 文字を使い分けよう

　日本語は「ひらがな」「カタカナ」「漢字」の3つ文字があります。そのためものの名前を書くときは文字に注意する必要があります。

　例えば、どれを使うことが多いでしょうか。

ばなな　　バナナ
甘蕉（ばなな）

　「バナナ」の人が多いでしょう。「甘蕉」は見たことがない人もいるかもしれません。このように、3つの文字を使ってことばを書けても、使うものとあまり使わないものがあります。
　また、3つの文字すべてで書かれないものもあります。次のものはカタカナだけです。

フライパン　　アメリカ

　日本語では、①動物の鳴き声、②いろいろなものの音や様子、③外国の人や場所の名前、④外国からきたことば　はカタカナで書くことが多いです。

問題　下の絵をカタカナで書くことばとひらがなで書くことばで分けてみましょう。

（1）ひらがな（　　　　　　　　　　　　　　　）

（2）カタカナ（　　　　　　　　　　　　　　　）

【Column】
実はこんな時にひらがなを使っています。どちらが正しいでしょう？

この枕は「フワフワ」です。

この枕は「ふわふわ」です。

　ものの様子だから、合っているのは「フワフワ」です。

　しかし、ひらがなにすると「やわらかい」イメージがつくのであえてひらがなで書くこともあります。

8 1. 『ひら・カタどっち？ゲーム』（1人〜）

★ 準備するもの ★

・ひら・カタカード　（付録）

★ 遊び方（カタカナで遊ぶ場合）★

1．ひら・カタカードを机に並べる。

2．並べたカードから、カタカナで書くことばを探す。

3．見つけたら、カードの後ろにある正解（○/×）を確認する。

≪レベルアップ≫
見つけたカードをカタカナで実際に書いて確認してみる。

習得ポイント

ひらがなで書くことば、カタカナで書くことばを整理して、使い分けられるようにする。

9 漢字
類推能力により漢字の形と意味カテゴリーを学ぶ

★ 形や音から漢字のなかまを考えよう

漢字には、形を見て作られたもの（象形）と、わかりやすく説明したもの（指事）、その2つ以上を合わせたもの（会意）、読み方と意味を合わせたもの（形声）があります。

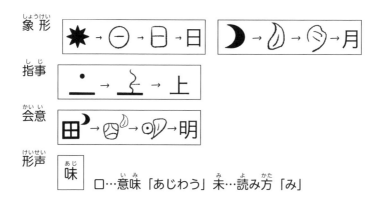

象形

指事

会意

形声

味

口…意味「あじわう」　未…読み方「み」

また、中国から来た漢字にはその時の読み方（音読み）と、日本でつけた読み方（訓読み）があります。2つともある漢字、どちらかだけの漢字もあります。

〈例〉【山】音読み：サン　訓読み：やま

そして漢字にはその漢字の意味を表す部首があります。例のように部首でグループに分けることもできます。

〈例〉　サンズイ：水の意味　　　キヘン：木の意味

　　　　泳、河、涙　　　　　　　木、枝、森、林

問題1　同じ漢字を使って熟語を完成させましょう。

〈例〉今□、□本、休□、一□　（　　　日　　　）

（1）□図、□面、□球、土□　（　　　　　　　）

（2）□道、□泳、□車、□色　（　　　　　　　）

（3）□見、□食、□日、三日□　（　　　　　　　）

（4）□番、□日、本□、担□　（　　　　　　　）

問題2　次の漢字に同じ部首をつけると漢字ができあがります。共通する部首を下の□から見つけてみましょう。部首名も答えてみましょう。

〈例〉耳・口・日・オ　（　門　もんがまえ　）

（1）田・相・非・亡　（　　　　　　　）

（2）火・斗・少・多　（　　　　　　　）

（3）エ・也・立・永　（　　　　　　　）

（4）女・元・至・豕　（　　　　　　　）

宀　門　灬　氵　冫
口　土　木　言　心　禾

問題3 下の□の中から同じ形がある漢字を見つけてみましょう。

木	合	首	思	集	雪	由	机	男	台	声	本
略	売	頭	走	番	高	何	土	電	読	道	答

〈例〉（　土、走　⇒　土　）

（　　　　　　　　⇒　　　）（　　　　　　　　⇒　　　）

（　　　　　　　　⇒　　　）（　　　　　　　　⇒　　　）

問題4 同じ漢字で違う読み方のものがあります。何と読むでしょうか。

〈例〉上手（　じょうず　）　　　　（　　かみて　　）

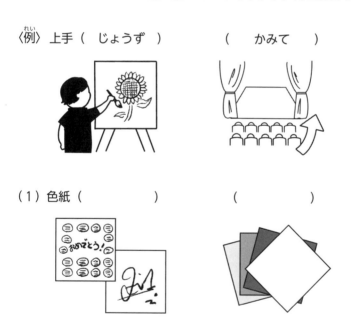

(1) 色紙（　　　　　）　　　　（　　　　　）

（2）七色（　　　　　）　　　（　　　　　）

（3）紅葉（　　　　　）　　　（　　　　　）

（4）生物（　　　　　）　　　（　　　　　）

9 1.『漢字みつけてゲーム』（2人〜）

★ 準備するもの ★

・用紙（人数分）

・筆記用具

★ 遊び方 ★

1. 1人に1枚ずつ用紙を配る。

2. 用紙を4等分に折る。

3. 同じ漢字を使った熟語を2つ〜4つ考える。

4. それぞれの熟語をイメージさせる絵を描く。

5. 相手に見せて、相手の共通の漢字が何かを当てる。

6. 絵が表している熟語を説明し合う。

〈例〉

地球、地面、地図、地下（絵に描く）

　→共通する漢字「地」を当てる。

習得ポイント

漢字の意味を再確認して、熟語の成り立ちを考えられるようにする。

9 2.『部首合わせゲーム』（2人〜）

・・・

★ 準備するもの ★

・用紙（人数分）

★ 遊び方 ★

1．1人に1枚ずつ用紙を配る。

2．用紙を4等分に折る。同じ部首の漢字を2つ〜4つ考える。

3．それぞれの漢字をイメージさせる絵を描く。

4．相手に見せ合って、相手の共通の部首が何かを当てる。

5．絵が表している漢字を説明する。

〈例〉

部首　氵（さんずい）　海、池、汁、泣く

→共通する部首「さんずい」を当てる。

部首の意味を考えることで、漢字の形や意味を推測できるようにする。

9 3.『漢字のなかまあてゲーム』（1人〜）

★ 準備するもの ★

・漢字カード　（付録）

＊ 漢字カードの裏に、読み方、かたちごとに同じグループの漢字に同じ色をつける。2色、3色になるカードもあります。

・指示カード　（付録）

★ 遊び方 ★

1．漢字カードを机にバラバラに並べる。

2．指示カードを裏返し、『読み方』と書いてあれば、漢字の同じ読み方で、『かたち』と書いてあれば、漢字の同じかたちでグループ分けをする。

3．グループに分けたカードを裏返しにして、それぞれのグループのカードに同じ色があるか確認する。

≪レベルアップ≫
漢字の数を増やして行う。

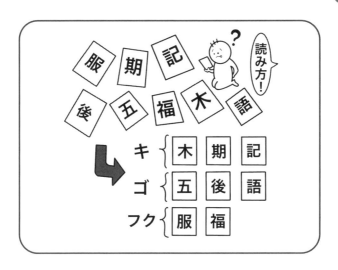

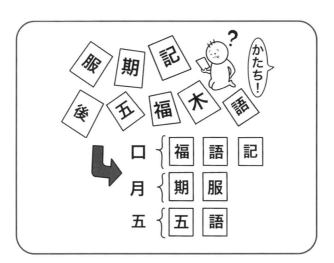

習得ポイント

たくさんある漢字を漠然と覚えるのではなく、漢字の特徴を認識し、新しい漢字も、自分でグループ化できる能力を身につけるようにする。

10 アスペクト
時間的・空間的展開を表す動詞形態素を学ぶ

★ 動作を展開して考えよう

　「ている」には2つの意味があります。「動作の継続」と「結果の状態」です。「動作の継続」は、「子どもが遊んでいます」といった進行中のことを表します。「結果の状態」は「ペンが落ちています」といった何かの動作や出来事の後の状態を表します。
　次の表現と図から、時間の流れで意味の違いを考えてみましょう。

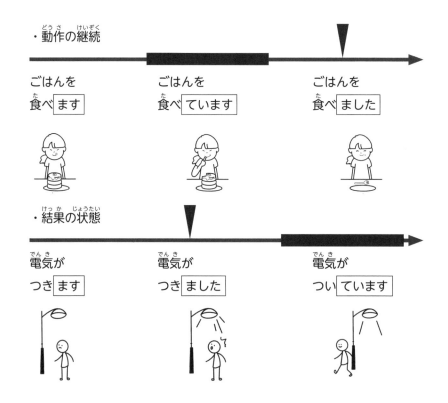

・動作の継続

ごはんを
食べ ます

ごはんを
食べ ています

ごはんを
食べ ました

・結果の状態

電気が
つき ます

電気が
つき ました

電気が
つい ています

「ている」の意味は動詞のもつ時間性が関係しています。「ている」が時間に幅のある継続動詞とくっつくと「動作の継続」を、時間幅のない瞬間動詞とくっつくと「結果の状態」を表します。

問題　文に合う絵を選びましょう。

①ペンが落ち　ました。　（　）　　②ペンが落ち　ています。　（　）

③なわとびで遊ん　でいます。　（　）　　④なわとびで遊　びます。　（　）

A 　　B 　　C 　　D

「ている」は、他にも次のように使います。「ている」の意味を考えてみましょう。

・毎朝、3キロ、走っています。→習慣

・ディズニーランドには、5回行っています。→経験

・山がそびえている。→形容詞的用法

【Column】
　英語のhave、live、know、loveは、日本語では「〜ている」を使って表現します。

I have a pen.　　　　私はペンを持っ　ています　。

I live in Tokyo.　　　私は東京に住ん　でいます　。

I know his name.　　私は彼の名前を知っ　ています　。

I love you.　　　　　私はあなたを愛し　ています　。

10 1.『何<ruby>何<rt>なに</rt></ruby>してる？ゲーム』（4人<ruby>人<rt>にん</rt></ruby>〜）

★ <ruby>準備<rt>じゅんび</rt></ruby>するもの ★

・お<ruby>題<rt>だい</rt></ruby>カード　（<ruby>付録<rt>ふろく</rt></ruby>）

・<ruby>紙<rt>かみ</rt></ruby>と<ruby>筆記用具<rt>ひっきようぐ</rt></ruby>

★ <ruby>遊<rt>あそ</rt></ruby>び<ruby>方<rt>かた</rt></ruby> ★

1．2<ruby>対<rt>たい</rt></ruby>2またはチームで<ruby>対戦<rt>たいせん</rt></ruby>し、<ruby>同<rt>おな</rt></ruby>じチームの<ruby>中<rt>なか</rt></ruby>で、<ruby>絵<rt>え</rt></ruby>を<ruby>描<rt>か</rt></ruby>く<ruby>人<rt>ひと</rt></ruby>とお<ruby>題<rt>だい</rt></ruby>を<ruby>当<rt>あ</rt></ruby>てる<ruby>人<rt>ひと</rt></ruby>を<ruby>決<rt>き</rt></ruby>める。

2．<ruby>対抗<rt>たいこう</rt></ruby>するそれぞれのチームの<ruby>絵<rt>え</rt></ruby>を<ruby>描<rt>か</rt></ruby>く<ruby>人<rt>ひと</rt></ruby>が、お<ruby>題<rt>だい</rt></ruby>カードを1<ruby>枚<rt>まい</rt></ruby>ずつ<ruby>引<rt>ひ</rt></ruby>く。

3．<ruby>引<rt>ひ</rt></ruby>いたお<ruby>題<rt>だい</rt></ruby>カードは<ruby>同<rt>おな</rt></ruby>じチームの<ruby>当<rt>あ</rt></ruby>てる<ruby>人<rt>ひと</rt></ruby>には<ruby>見<rt>み</rt></ruby>せず、カードの<ruby>内容<rt>ないよう</rt></ruby>を<ruby>絵<rt>え</rt></ruby>で<ruby>描<rt>か</rt></ruby>く。（<ruby>各<rt>かく</rt></ruby>チームの<ruby>絵<rt>え</rt></ruby>を<ruby>描<rt>か</rt></ruby>く<ruby>人<rt>ひと</rt></ruby>は<ruby>同時<rt>どうじ</rt></ruby>に<ruby>描<rt>か</rt></ruby>き<ruby>始<rt>はじ</rt></ruby>める）

4．ゲームをやる<ruby>順番<rt>じゅんばん</rt></ruby>を<ruby>決<rt>き</rt></ruby>め、1チームずつ<ruby>取<rt>と</rt></ruby>り<ruby>組<rt>く</rt></ruby>んでいく。<ruby>他<rt>ほか</rt></ruby>のチームは<ruby>見<rt>み</rt></ruby>るだけ。

5. 同じチームのお題を当てる人がそのチームの絵を見て質問し、お題カードの内容を当てる。

6. 質問には「はい」「いいえ」でしか答えられない。少ない質問で正解が出たチームが勝ち。

7. 人をかえて1～5を繰り返す。

〈例〉

お題カード「怒っているおじいさん」

「おとうさんですか?」⇒「いいえ」

「おじいさんですか」⇒「はい」

「怒っていますか」⇒「はい」

「怒っているおじいさん」または「おじいさんが怒っている」⇒正解

習得ポイント
事象の展開をことばで表わせるようにする。

11 副詞・副助詞
類推能力により意味を付加する　カテゴリーと構文パターンを学ぶ

★ かざりことばで文を表してみよう

どのくらい？を説明する時のことばを「副詞」といいます。

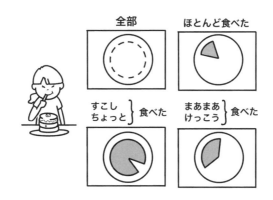

全部

ほとんど食べた

すこし ちょっと } 食べた

まあまあ けっこう } 食べた

　副詞は、上の絵のような使い方のほかに、後ろの形が決まるものもあります。

見たい映画しか行きません。

映画にどのくらいいきますか？

よく行きます！水曜日は映画の日なんです。

わたしは、月に一度くらいなので、たまにですね。

あまり行きません。

　また、助詞の中にも副詞のような働きをするものがあります。それを「副助詞」と言います。

　「まで」
　運動会に、ペットの太郎まで来ました。

　「ばかり」
　肉ばかり食べないで、野菜も食べなさい。

　＊他にもあります。調べてみましょう。

◆後ろの形が決まるものの一例（副詞・副助詞）

　「たぶん、おそらく」
　　　おそらくしないだろう/しないと思います。○
　　　おそらくしません。×

　「決して」
　　　決してお菓子を食べない。○
　　　決してお菓子を食べる。×

　「しか」
　　　見たい映画の時しか行きません。○
　　　見たい映画の時しか行きます。×

問題1　文の続きを選んで線でつなぎましょう。

（１）ねぎは嫌いだから、　　　・　　　・　夜遅くまでテレビを見よう。

（２）今日だけは、　　　　　　・　　　・　今日はしたくない。

（３）昨日たくさん勉強したから、・　　　・　少しも食べたくない。

問題2　文の真ん中にくることばを選んで線でつなぎましょう。

（１）

お腹が空いていないので、・　　　・　そんなに　・　　　・　食べられません。

（２）

まだ8月の最初だけど、　・　　　・　とても　　・　　　・　夏休みの宿題が終わった。

（３）

たくさん走ったので、　・　　　・　どうして　・　　　・　疲れた。

（４）

恥ずかしいから、　　　　・　　　・　あまり　　・　　　・　見ないでください。

（５）

お母さんのカレーは　　・　　　・　ほとんど　・　　　・　おいしいのだろう。

問題3　下のことばを使って、4つ文を作りましょう。すべての語を使い
きりましょう。

| まだ | しか | なので | すごく眠い。 | 1つ | もう |

| お父さんは | 寝てないから |

| 11時 | 夕飯を作る。 | たまに | 寝ないといけない。 |

| ~~食べたから~~ | ~~たくさん~~ | 全然 | ~~お腹がいっぱいだ。~~ |

| 食べていない。 |

例：たくさん　食べたから　お腹がいっぱいだ。

・_____

・_____

・_____

・_____

11 1.『かざりことばゲーム』（2人〜）

・・・・・・・・・・・・・・・・・・・・・・・・・・・・・・・・・・・・

★ 準備するもの ★

・副詞カード （付録）

・下の句カードⅢ （付録）

★ 遊び方 ★

1. カードを取る順番を決める。

2. 副詞カードと下の句カードを1枚ずつ取り、中の句は自分で考え
   て文を作る。

3. 交互に文を作っていき、多くできた人の勝ち。

副詞
<ruby>副詞<rt>ふくし</rt></ruby>

| あまり | ほとんど | そんなに | とても |

中の句
<ruby>中<rt>なか</rt></ruby>の<ruby>句<rt>く</rt></ruby>

<ruby>自分<rt>じぶん</rt></ruby>で<ruby>考<rt>かんが</rt></ruby>える。

下の句
<ruby>下<rt>しも</rt></ruby>の<ruby>句<rt>く</rt></ruby>

| <ruby>終<rt>お</rt></ruby>わった | ない | <ruby>疲<rt>つか</rt></ruby>れた | ないでください |

完成例
<ruby>完成例<rt>かんせいれい</rt></ruby>

副詞 （ふくし）	中の句（自作） （なか く じさく）	下の句 （しも く）
あまり	見たことが	ない
ほとんど	宿題が	終わった
そんなに	笑わ	ないでください
とても	勉強したので	疲れた

【習得ポイント】

副詞と述語の呼応関係や決まった言い方に気づいて使えるようにする。

12 文づくり
形態素と語を合成させて構文を学ぶ

★ ことばをつなげてみよう

　文を作る時には、伝えやすくするために気をつけることがたくさんあります。

1．「とり　食べた。」この文はどっちの意味でしょうか。

とりが　食べた。　　私は　とりを　食べた。

　「が」なのか「を」なのか、「誰が」なのか「何を」なのか、ことばが足りないだけでこんなに意味が違ってしまいます。

2．「朝ごはん　食べ行く。」この文はどっちの意味でしょうか。

朝ごはんを食べて行く。　　朝ごはんを食べに行く。

　動詞の形が「〜て」なのか「〜に」なのかでも、文の意味が違ってしまいます。

3．「私は、明日学校へ行った。」×　「私は、明日学校へ行く。」○
　　「昨日ハンバーグを食べる。」×　「昨日ハンバーグを食べた。」○

　これからの話（未来のこと）の時は、「〜た」という形を使いません。前の話（過去のこと）の時は「〜た」という形を使います。いつのことなのかで動詞の形を変える必要があります。
　このほかにも文を作るルールはまだまだたくさんあります。

簡単問題　動詞の形を変えてみましょう。
（1）　食べる（例：食べて）
　　　①言う（　　　　　）②飲む（　　　　　）③書く（　　　　　）
　　　④遊ぶ（　　　　　）⑤立つ（　　　　　）⑥急ぐ（　　　　　）
　　　⑦起きる（　　　　）⑧来る（　　　　　）⑨する（　　　　　）

（2）　食べる（例：食べた）
　　　①言う（　　　　　）②飲む（　　　　　）③書く（　　　　　）
　　　④遊ぶ（　　　　　）⑤立つ（　　　　　）⑥急ぐ（　　　　　）
　　　⑦起きる（　　　　）⑧来る（　　　　　）⑨する（　　　　　）

（3）　食べる（例：食べない）
　　　①言う（　　　　　）②飲む（　　　　　）③書く（　　　　　）
　　　④遊ぶ（　　　　　）⑤立つ（　　　　　）⑥急ぐ（　　　　　）
　　　⑦起きる（　　　　）⑧来る（　　　　　）⑨する（　　　　　）

（4）　食べる（例：食べよう）
　　　①言う（　　　　　）②飲む（　　　　　）③書く（　　　　　）
　　　④遊ぶ（　　　　　）⑤立つ（　　　　　）⑥急ぐ（　　　　　）
　　　⑦起きる（　　　　）⑧来る（　　　　　）⑨する（　　　　　）

158 ● タスク編

問題1　後に続く文を線でつなぎましょう。

ごはんを食べたら　・　　　　　　・　ドアが開きます。

旅行に行くなら　・　　　　　　　・　ゲームをしよう。

雨が降れば　・　　　　　　　　　・　ハワイがいいです。

ボタンを押すと　・　　　　　　　・　運動会はできません。

問題2　カッコに入ることばを入れてみましょう。

例：私（は）、国語（が）大好きです。でも、算数（は）苦手です。

（1）今日（　　　　）友達（　　　　）一緒にゲームをします。

（2）私（　　　）、塾（　　　）英語（　　　）算数（　　　）
　　勉強しています。

（3）学校（　　　）家（　　　）10分です。

（4）土曜日（　　　）公園（　　　）友達（　　　）
　　野球（　　　）するつもりです。

問題3　カッコに入ることばを入れてみましょう。

例：私（は）先生（に）褒められました。

（1）お母さん（　　　）、私（　　　）おつかい（　　　）頼みま
　　した。

（2）私（　　　）、お母さん（　　　）おつかい（　　　）頼まれ
　　ました。

（3）私（　　　）、お兄さん（　　　）ケーキ（　　　）食べられ
　　ました。

（4）お兄さん（　　　）、私のケーキ（　　　）食べました。

（5）ぼく（　　　）、先生（　　　）叱られました。

（6）先生（　　　）、ぼく（　　　）叱りました。

（7）お父さんのiPhone（　　　）、スリ（　　　）盗まれました。

（8）お父さん（　　　）、iPhone（　　　）スリ（　　　）盗まれました。

（9）スリ（　　　）、お父さんのiPhone（　　　）盗みました。

問題4　ことばをA〜Dグループから、それぞれ１つ以上選んで文を作ってみましょう。

A	B	C	D
私　友達	は　を　の	昨日	行きました
お母さん	が　に　は	とても	降ったら
公園	で　ので	すごく	遊べない
雨　料理	と　に　で	日曜日	残念だ
外　学校			したい
サッカー			おいしい

例：日曜日に公園でサッカーをしたい。

・ _____

・ _____

・ _____

12 1. 『並べ替え文づくりゲーム』（2人～グループ）

★ 準備するもの ★

1. 助詞が2つ（3つ）入る文を2つ（3つ）考える。（例を参照）

2. それぞれの文を例のように切りはなす。

3. 切りはなされた2つ（3つ）の文のピースを混ぜてバラバラにして置く。

   ＊ 右のページの例文を拡大コピーしても使えます。

★ 遊び方 ★

1. バラバラに置いたピースを組み合わせて2つ（3つ）の文を作る。

2. 早く文を完成させた人（グループ）の勝ち。

〈例〉

助詞の学習

公園	を	通って	学校	に	行きます
公園	で	友達	と	会います	

仮定形の学習

窓	を	開ける	と	涼しく	なりました
窓	を	開け	たら	涼しく	なるかもしれません
窓	を	開けた	なら	涼しく	なるでしょう

活用の学習

京都	で	おみやげ	を	買って	帰った
京都	で	買った	おみやげ	を	渡した

習得ポイント

助詞、動詞の活用、文型、コロケーション（語の決まった結びつき）などが適切に使えるようにする。

● タスク編

12 2.『組み立て文づくりゲーム』(2人〜グループ)

★ 準備するもの ★

・助詞カード（付録）　・場所カード（付録）

・名詞カードⅠ、Ⅱ、Ⅲ（付録）　・動詞カード（付録）

・オールマイティーカード（付録）　＊ 2×人数分コピーする。

★ 遊び方 ★

1. 動詞、助詞、名詞Ⅰ・Ⅱ・Ⅲ、場所カードをそれぞれ裏にして重ねて前に置く。

2. 1人ずつ各カードの山から 1枚ずつ取り、全員が取り終わったらそれぞれが取ったカードで文を作る。

3. 取ったカードで正しい文を作れないときは、オールマイティーカードでことばを足すことができる。（オールマイティーカードは1つの文に2枚まで使うことができる）

4. 文を作るために使わなかったカードは自分の前に置く。

5. 1人ずつ作った文を発表し、正しい文だったら使ったオールマイティーカードを手元に戻すことができる。文を間違えていたら

使ったオールマイティーカードは没収される。使ったカードは各カードの山の1番下に戻す。手持ちのオールマイティーカードがなくなり、文が作れなくなったら負け。

6. 回数を決めて取り組み、最後に前に置いた使わなかったカードが少ない人が勝ち。

　＊　動詞は自由に活用してよい。(例：食べる→食べられた)

〈例1〉

| 走る | 弟 | 教室 | が | とり | 太陽 |

| オールマイティー | オールマイティー |

から | 走る | 弟 | 教室 | が | を使い、| オールマイティー | を1枚使って、| まで | を足す。

⇒ | 弟 | が | 教室 | まで | 走る |

〈例2〉

| 買い物する | お母さん | に | ぞう | バス | 校庭 |

| オールマイティー | オールマイティー |

から | 買い物する | お母さん | に | を使い、| オールマイティー | を2枚使って、| スーパー | で | を足す。 さらに動詞を使役受身形に変える。

⇒ | お母さん | に | スーパー | で | 買い物させられた |

習得ポイント

動詞の活用を考えたり、助詞を生かしたりして、多様な文型が作れるようにする。

12 3.『つなげて文づくりゲーム』（2人〜）

★ 準備するもの ★

・助詞カード（付録）　　＊　人数分コピーする。

・名詞カードⅠ、Ⅱ、Ⅲ　（付録）　・場所カード　（付録）

・動詞カード　（付録）　　・い形容詞・な形容詞カード　（付録）

・オールマイティーカード　（付録）　　＊　2×人数分コピーする。

★ 遊び方 ★

1. 各人、助詞カード「が」「を」「の」「で」「に」「へ」「と」「から」「より」を1枚ずつ持つ。

2. 動詞、名詞Ⅰ・Ⅱ・Ⅲ、い・な形容詞、場所カードをそれぞれ裏にして重ねて前に置く。

3. 1人ずつ各カードの山から1枚ずつ取る。

4．引いたカードと手持ちの助詞カードを組み合わせて文を作る。この時、2枚ずつ持っているオールマイティーカードを使って、ことばを足すことができる。

（オールマイティーカードは1つの文に2枚まで使うことができる。）

5．使わなかったカードは、各カードの山の1番下に戻す。

6．文を作るのに使った助詞は自分の前に置き、次からは使えない。

7．早く手持ちの助詞カードを使いきった人が勝ち。

＊　動詞や形容詞は自由に活用してよい。
　　（例：食べる→食べられた／かわいい→かわいかった）

かわいい 犬 が
公園 で 遊んでいる

習得ポイント
助詞を適切に使って構文が作れるようにする。

12 4.『だれが早いかな？ゲーム』（3人〜5人）

★ 準備するもの ★

・人数分の文　　　　　　＊　すべての文は4文節のものにする（例参照）。

・トランプの大きさのカード　（4枚×人数分）

　　　　＊　各カードに、1文を4分割して書き入れる。

★ 遊び方（3人の場合）★

1．3人で遊ぶ場合は3つの文を用意する。

2．カードを混ぜて裏にして、4枚ずつ3人に配る。

3．各自配られたカードを見て、文をつくるのに必要でないと思ったカードを1枚選んで、裏にして右隣の人に渡す。

4．「せーの」など掛け声を決め、3人が同時にリズムよく右隣に渡していき、文が早く完成した人の勝ち。

〈例〉

3人で行う場合

| 私は | 駅で | 友人と | 待ち合わせしました |

| 弟は | 友人を | 車で | 迎えに行きました |

| 私と | 父は | 顔が | 似ています |

* この12枚を書き写したカードをバラバラに各人4枚ずつ配る。

* 最初にどんなカードがあるかを見せてもよい（文にして見せてはいけない）。

習得ポイント

文節の単位で機能を瞬時に判断できるようにする。

13 受動・能動
視点から構文カテゴリーを学ぶ

★ 視点を文で表してみよう

　上の絵を見てみると、同じ動詞でも誰がやっているかによって動詞の形が変わるのがわかります。例えば「見る」では、右側の生徒が隣の生徒のテストを「見ました」。しかし、左側の生徒は「見られました」というように変わっていますね。このような「～れる」「～られる」の形を使う受け身の文の時は、主体をよくわかっておくことがとても大切です。

＊　助詞の使い方については「12 文づくり」を見ましょう。

問題1　A、Bどちらの人の文か選びましょう。
例：私は足を踏みました。

（A）

（1）　私^{わたし}はケーキを食^たべられました。（　　　　）

（2）　お父^{とう}さんは財布^{さいふ}を盗^とられました。（　　　　）

（3）　兄^{あに}は弟^{おとうと}をたたきました。（　　　　）

（4）　私^{わたし}は先生^{せんせい}にほめられました。（　　　　）

問題2　A、Bどちらの人の文か選びましょう。

＊　主語のない状態で文の主体を考えてみましょう。

例：踏みました。

（　A　）

（1）　頼みました。（　　　　）

（2）　こぼされました。（　　　　）

（3）　抱きつきました。（　　　　）

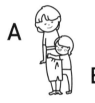

（4）　笑^{わら}われました。（　　　　）

【Column】
「～れる」「～られる」の文^{ぶん}には実^{じつ}は種類^{しゅるい}があります。

・先生^{せんせい}にほめられた。
・ケーキを弟^{おとうと}に食^たべられた。
・雨^{あめ}に降^ふられた。

　すべて受^うけ身^みの形^{かたち}をとっていますが、受^うける側^{がわ}の気持^{きも}ちが違^{ちが}うことに気^きがつきませんか。同^{おな}じ受^うけ身^みでも、使^{つか}い方^{かた}によって意味^{いみ}が変^かわることを知^しっておくと便利^{べんり}です。

13 1.『する・されるカルタゲーム』（3人〜）

★ 準備するもの ★

　　・する・されるカード　（付録）

★ 遊び方 ★

　1．絵カードを机にバラバラに置く。

　2．文カードを読む人と絵カードを探す人を決める。

　3．読む人は1枚選んで読む。

　4．探す人は、それを聞いて、どのカードか探す。

≪レベルアップ≫
文カードの『　　』のところだけ読んで行う。

習得ポイント

誰がしているのか、されているのかなどを、場面の中で把握できるようにする。

14 文章理解と創作
コンテクストのイメージ化を学ぶ

★ 文章を想像・創造してみよう

14 1.『ストーリーイメージングゲーム』
（グループ推奨）

・・・・・・・・・・・・・・・・・・・・・・・・・・・・・・・・・

★ 準備するもの ★

- ・画用紙／模造紙（グループごとに1枚）
- ・色鉛筆、クーピーなど

★ 遊び方 ★

- ・数名のグループに分ける。
- ・読み手が、次の話を読む。
- ・話を聞いて、グループごとにどんなイメージかを話し合いながら、1枚の絵にする。
- ・グループごとに発表する。

* 1度読んで、要望があれば、2回読んでもよい。
グループでそれぞれの記憶を持ち寄る過程が重要。間違っていた記憶も発表会での楽しみになり、インタラクションを引き起こす。

* つながる国によって異なった理解やイメージをもつため、異文化理解にもなる。

〈例〉
　次のお話を聞いて、相談して1枚の絵にしましょう。

「ある晴れた日、ふたごの女の子達が仲良く森の中を散歩していました。1人は赤と青の模様のワンピースを着て頭に大きなリボンをつけていました。もう1人はオレンジと緑の縞のワンピースを着ていました。
　2人が森の中を歩いていると木の切り株の上に不思議な見たことがないようなきのこが生えていましたが、毒きのこかも知れないので、触らず歩いていきました。またしばらく行くと、道が3つに分かれ、1つの道は行き止まり。もう1つの道の先には古い家があり、最後の道の先にはきれいなお花畑がありました。2人はお花畑に行ってきれいなお花を摘みました。」

発表会で、本文下線の部分に、グループごとの個性が出ます。

◆　赤と青の模様のワンピース　……　どんな模様なのか。

◆　オレンジと緑の縞　………………　縦縞か横縞か、縞の太さは。

◆　不思議なきのこ　…………………　どんな形、色、模様、数なのか。

◆　3つの道　…………………………　中央左右がどの道なのか。

◆　古い家　……………………………　古い家は小さいのか大きいのか。

◆　きれいなお花畑　…………………　どんな花が咲いているのか。

《レベルアップ》
中学・高校生、大人になると、お話の内容を複雑にしたり、お話の内容の地図を完成させたり難易度を上げることもできます。

［習得ポイント］
想像力を働かせて読む力をつけるようにする。国によってイメージが異なることに気づけるようにする。

14 2.『シャッフル並べ替えゲーム』
（ペアまたはグループ）

★ 準備するもの ★

・マンガ　　・紙、筆記用具

・黒板（ホワイトボード）、磁石（セロテープ）

★ 遊び方 ★

＊　教室活動の場合、3人から5人くらいのグループに分ける。

1. マンガを選び、関連する場面を4〜8コマくらいコピーして切り抜く。

2. 吹き出しの中のセリフをホワイトなどで消す。絵の下に、文が書けるようなスペースをつける。

3. 作成したコマを1つずつ拡大（A4くらい）コピーする。

4. 各グループ（4人くらい）に拡大コピーのコマをすべて渡す。

5. グループごとに、コマをシャッフルして（並べ替えて）、ストーリーを自由に考える。

6. 吹き出しの中のセリフと、場面を説明する文をスペースに書く。

7．グループごとに、並べ替えたコマを順番に磁石などで黒板（ホワイトボード）に貼りつけて、ストーリー（セリフ込み）を発表する。

8．どのグループのストーリーが1番おもしろいか、みんなで投票して決める。

《レベルアップ》
・マンガを絵本や小説（中・上級者向け）にしてもできる。
・同じ母語話者同士のグループ、異なる母語話者同士のグループ、日本語母語話者を含めてのグループとグループメンバーの構成を変えると異なるインタラクションになる。

＊　少人数で行う場合は、コマコピーは小さいままで、机の上で行うことも可能。

注意：マンガのコマのコピーは教室だけで使用し、持ち帰りは禁止です

習得ポイント

セリフや場面説明など異なる視点から、文を作れるようにする。

14 3.「ストーリーメイキングゲーム」（1人〜）

★ 準備するもの ★

　　・マンガ

　　・紙、筆記用具

★ 遊び方 ★

　1．マンガを1コマ切り取る。

　　　＊　登場人物の多いコマにすると話が広がる。

　2．そのコマの続きのストーリーを考えさせて書かせる。

　3．2人以上でやる場合は、ストーリーを発表させて、だれのストーリーが1番おもしろいかを決める。

《レベルアップ》
・コマの場面にいたるまでのストーリーを考えさせて書かせる。
・マンガの2コマを切り取り、その間のストーリーを考えさせて書かせる。

注 意：マンガのコマのコピーは教室だけで使用し、持ち帰りは禁止です。

習得ポイント

想像力と創造力を働かせてストーリーの展開を推測し、文字にできるようにする。

解答

1 属性 (p.82) 解答例

問題1 （1）①トマト　メロン　②きゅうり　バナナ　大根（だいこん）

③トマト　ポスト　④きゅうり　メロン

（2）⑤〈野菜（やさい）〉大根（だいこん）　⑥〈四角（しかく）〉マスク

⑦〈白い（しろ）〉マスク　⑧〈黄色（きいろ）〉ひよこ

問題2 （1）①せっけん　シャンプー　洗面器（せんめんき）　②包丁（ほうちょう）　まないた　なべ

③門松（かどまつ）　おせち　お年玉（としだま）　④こいのぼり　かしわもち　かぶと

問題3 （2）①筆箱（ふでばこ）　ノート　教科書（きょうかしょ）　②虫（むし）

③机（つくえ）　椅子（いす）　黒板（こくばん）　④夏休み（なつやす）　⑤春（はる）

2 様子・気持ちを表すことば (p.88) 解答例

問題1 （1）A②⑤⑥⑨⑩　B①⑫⑭　C①③⑦⑧⑪

問題2 （1）A②④⑧⑨　B①②③⑤⑪⑫　C⑤⑥⑦⑩⑪

（2）①A　②C　③D　④B

3 対のことば (p.96)

問題　（1）①小さい（ちい）　②多い（おお）　③おばあさん　④黒／赤（くろ／あか）　⑤生徒（せいと）

⑥起きる（お）　⑦売る（う）

（2）解答例　熱い（あつ）×冷たい（つめ）　暑い（あつ）×寒い（さむ）　夏（なつ）×冬（ふゆ）　弟（おとうと）×妹（いもうと）　兄（あに）×

弟（おとうと）など

4 名詞と い・な形容詞 (p.100)

問題1　い形容詞（けいようし）　○で囲む（かこ）もの：大きい（おお）　よい　新しい（あたら）

な形容詞（けいようし）　□で囲む（かこ）もの：楽（らく）　にぎやか　きれい　大丈夫（だいじょうぶ）　いや

問題3 （1）①い　　②かっ　　③く　　④くなかっ

　　　　（2）①い（だ）　②いだっ　③いじゃ　④いじゃなかっ

問題4 （1）な　の　（2）の　な　（3）の　な　（4）な　の

5 多義語 （p.106）

問題2 （1）掛ける　（2）作る　（3）立つ　（4）付く

問題3 乗る　「何かの上に上がる」という意味を同じように表すから。

6 オノマトペ （p.114）

問題1 （1）見る　（2）食べる　（3）食べる　（4）飲む

問題3 （1）解答例　ア（①、②）　イ（③、④）　ウ（①、⑤）　エ（⑤）

　　　　（2）解答例　①オ　②ウ　③エ　④カ　⑤イ　⑥ア

7 助数詞 （p.124）

問題1 （1）数字のよみ方に助数詞をつけるだけでよい。

　　　　（2）1, 6, 8, 10の発音が変わり、さらに助数詞は1, 3, 6, 8, 10の時に発音
　　　　　　が変わる。

　　　　（3）1, 6, 8, 10の発音が変わる。助数詞はそのまま変わらない。

　　　　（4）1, 8, 10の発音が変わる。助数詞はそのまま変わらない。

問題2 （1）さんぼん　（2）ごひき　（3）さんだい　（4）よんほん

　　　　（5）はっとう　（6）にわ　（7）きゅうさつ　（8）ろっかい

8 ひらがな・カタカナ （p.132）

問題　　（1）②、⑥、⑧、⑨、⑩　（2）①、③、④、⑤、⑥、⑦

＊⑥は、いぬ→ひらがなワンワン→カタカナ両方考えられますね。

9 漢字 (p.136)

問題1 （1）地　　（2）水　　（3）月　　（4）当

問題2 （1）（心　こころ）　　（2）（禾　のぎへん）

（3）（氵　さんずい）　　（4）（宀　うかんむり）

問題3　解答例（木、集、机、本⇒木）（合、台、略、頭、高、何、読⇒口）

（思、男、略、番⇒田）（首、頭、道⇒目）

＊他にも見つけてみましょう。

問題4　（1）（しきし／いろがみ）　（2）（なないろ／ななしょく）

（3）（もみじ／こうよう）　（4）（せいぶつ／いきもの）

10 アスペクト (p.146)

問題　①A　②B　③D　④C

11 副詞・副助詞 (p.150)

問題1　（1）ねぎは嫌いだから、少しも食べたくない。

（2）今日だけは、夜遅くまでテレビを見よう。

（3）昨日たくさん勉強したから、今日はしたくない。

問題2　（1）お腹が空いていないので、そんなに食べられません。

（2）まだ8月の最初だけど、ほとんど夏休みの宿題が終わった。

（3）たくさん走ったので、とても疲れた。

（4）恥ずかしいから、あまり見ないでください。

（5）お母さんのカレーは、どうしておいしいのだろう。

問題3　解答例

・お父さんはたまに夕飯を作る。

・全然寝てないからすごく眠い。

・もう11時なので寝ないといけない。

・まだ1つしか食べていない。

12 文づくり（p.156）

簡単問題

（1）①言って　②飲んで　③書いて　④遊んで　⑤立って　⑥急いで
　　　⑦起きて　⑧来て　⑨して

（2）①言った　②飲んだ　③書いた　④遊んだ　⑤立った　⑥急いだ
　　　⑦起きた　⑧来た　⑨した

（3）①言わない　②飲まない　③書かない　④遊ばない　⑤立たない
　　　⑥急がない　⑦起きない　⑧来ない　⑨しない

（4）①言おう　②飲もう　③書こう　④遊ぼう　⑤立とう　⑥急ごう
　　　⑦起きよう　⑧来よう　⑨しよう

問題1　ごはんを食べたら、ゲームをしよう。
　　　　　旅行に行くなら、ハワイがいいです。
　　　　　雨が降れば、運動会はできません。
　　　　　ボタンを押すと、ドアが開きます。

問題2　（1）は／も／×、と　（2）は、で、と、を　（3）まで、から
　　　　　（4）に、で、と、を

問題3　（1）は／が、に、を　（2）は、に、を　（3）は、に、を
　　　　　（4）は／が、を　（5）は、に　（6）は／が、を
　　　　　（7）は／が、に　（8）は／が、を、に　（9）は／が、を

問題4　解答例
・お母さんの料理はとてもおいしい。
・すごく雨が降ったら外で遊べない。
・私は昨日学校に行きました。
　＊他にも考えてみましょう。

13 受動・能動 (p.168)

問題1 （1）A （2）B （3）B （4）A

問題2 （1）A （2）A （3）B （4）A

さくいん

付録

＊ カードは適宜増やしたり、拡大コピーをして使ってください。

漢字カード

木	期	記	五
語	後	福	服

助詞カード

が	を	に	へ
と	から	より	まで
で	の	と	は
も	か	だけ	しか

指示カード

読み方	かたち

オールマイティーカード

オールマイティー	オールマイティー
オールマイティー	オールマイティー

場所カード

教室 きょうしつ	台所 だいどころ
風呂場 ふ ろ ば	校庭 こうてい
スーパー	公園 こうえん
学校 がっこう	東京 とうきょう

出来事カード

誕生会 （たんじょうかい）	運動会 （うんどうかい）

中の句カード

会えて （あ）	別れて （わか）
遊んで （あそ）	ほめるのが

下の句カードⅠ

嬉しい （うれ）	楽しかった （たの）
悲しい （かな）	上手だ （じょう ず）

下の句カードⅡ

いい気持ち	話せ<small>はな</small>ない
笑<small>わら</small>った	輝<small>かがや</small>いている

下の句カードⅢ

ない	終<small>お</small>わった
ないでください	疲<small>つか</small>れた

オノマトペカード

ぽかぽか	ぞくぞく
げらげら	どきどき
しくしく	ザーザー
どんどん	はらはら
うきうき	ふわふわ
つるつる	ころころ

副詞カード

あまり	ほとんど
そんなに	とても
たくさん	ゆっくり

名詞カードⅠ

わたし	おとうさん
おかあさん	おとうと
先生 <small>せんせい</small>	友だち <small>とも</small>

名詞カードⅡ

犬 （いぬ）	猫 （ねこ）
鳥 （とり）	虫 （むし）
魚 （さかな）	ゾウ
クジラ	ライオン

名詞カードⅢ

バス	飛行機 （ひこうき）
黒板 （こくばん）	お弁当 （べんとう）

名詞カードⅢ

本 （ほん）	ペン
ボール	椅子 （いす）
太陽 （たいよう）	イチゴ
リンゴ	バナナ
テレビ	豆腐 （とうふ）
きゅうり	ベッド
葉っぱ （は）	靴 （くつ）

動詞カード

乗_のる	走_{はし}る
買_かい物_{もの}する	動_{うご}く
食_たべる	話_{はな}す
見_みる	勉強_{べんきょう}する
聞_きく	行_いく
遊_{あそ}ぶ	寝_ねる
頼_{たの}む	逃_にげる

い形容詞・な形容詞カード

小さい	大きい
高い	長い
嬉しい	悲しい
楽しい	上手だ
元気だ	静かだ

ひら・カタカード

＊ 後ろにカタカナで書くものには○、ひらがなで書くものは×を書いてください。
（例：らんどせる、てれび、ぺん、べっど、しゃつ、ぱそこんの後ろに○を書く）

ふとん	らんどせる
てれび	ぺん
でんわ	べっど
ぼうし	しゃつ
くるま	ぱそこん

お題カード

怒（おこ）っている おじさん	歌（うた）を 歌（うた）って いる兄弟（きょうだい）
ネコが魚（さかな）を くわえて 逃（に）げている	温泉（おんせん）に 入（はい）っている サル

顔の表情カード

する・されるカード

私は足を 『踏（ふ）まれました。』	私は足を 『踏（ふ）みました。』
私は兄（あに）にケーキを 『食（た）べられました。』	私はケーキを 『食（た）べました。』
私は財布（さいふ）を 『盗（ぬす）まれました。』	私は財布（さいふ）を 『盗（ぬす）みました。』
私は兄（あに）に 『たたかれました。』	私は兄（あに）を 『たたきました。』

する・されるカード

い形容詞リスト
(〜い＋名詞／〜くない＋名詞)

小さい　古い　悪い　暑い　寒い　熱い　冷たい

難しい　易しい　高い　低い　安い　おもしろい　おいしい

忙しい　楽しい　白い　黒い　赤い　青い　近い　遠い

早い　速い　遅い　多い　少ない　暖かい　涼しい

甘い　辛い　重い　軽い　良い（いい）　欲しい　広い　狭い

若い　長い　短い　明るい　暗い　背が高い　背が低い

頭がいい　危ない　痛い　眠い　強い　弱い

調子がいい　調子が悪い　体にいい　すごい　寂しい

都合がいい　都合が悪い　気分がいい　気分が悪い

えらい　ちょうどいい　おかしい（＝変）　うるさい

苦い　正しい　美しい　気持ちがいい　気持ちが悪い

大きな　小さな　汚い　嬉しい　悲しい　恥ずかしい

硬い　軟らかい　かわいい　珍しい　うまい　まずい

つまらない　優しい　細かい　濃い　薄い　細い　太い

厚い　薄い　ひどい　怖い　厳しい

な形容詞リスト
(〜な＋名詞 / 〜じゃない＋名詞)

静_{しず}か（だ）　有名_{ゆうめい}（だ）　親切_{しんせつ}（だ）　元気_{げんき}（だ）　暇_{ひま}（だ）

便利_{べんり}（だ）　素敵_{すてき}（だ）　好_すき（だ）　嫌_{きら}い（だ）　だめ（だ）

上手_{じょうず}（だ）　下手_{へた}（だ）　いろいろ（だ）　簡単_{かんたん}（だ）　大変_{たいへん}（だ）

大切_{たいせつ}（だ）　大丈夫_{だいじょうぶ}（だ）　無理_{むり}（だ）　無駄_{むだ}（だ）　不便_{ふべん}（だ）

心配_{しんぱい}（だ）　熱心_{ねっしん}（だ）　十分_{じゅうぶん}（だ）　まじめ（だ）　複雑_{ふくざつ}（だ）

邪魔_{じゃま}（だ）　必要_{ひつよう}（だ）　丈夫_{じょうぶ}（だ）　変_{へん}（だ）　幸_{しあわ}せ（だ）

楽_{らく}（だ）　安全_{あんぜん}（だ）　丁寧_{ていねい}（だ）　危険_{きけん}（だ）　楽_{たの}しみ（だ）

多義絵ゲーム用ことばリストの例

次のことばにはいろいろな意味があります。1つを選び、2つ*以上の意味を絵に書いてみましょう。

* 学習者のレベルや提示することばに応じて、1から4に変更してください。

名詞例

あし　あたま　うしろ　さき　ちから　て　まえ　みみ　やま

動詞例

あう　かける　しめる　たつ　だす　つける　つく　とる　のる
のぼる　つくる

い形容詞例

小さい　大きい　高い　長い　短い　あつい　あたたかい　冷たい

【編著者】

橋本 ゆかり（はしもと・ゆかり）

横浜国立大学教育学部／同大学院教育学研究科 教授・東京学芸大学大学院博士後期課程（横浜国立大学配置）主指導教員。お茶の水女子大学大学院博士後期課程修了。博士（人文科学）。≪主著≫『普遍性と可変性に基づく言語構造の構築メカニズム—用法基盤モデルから見た日本語文法における第一言語と第二言語の異同—』（風間書房、2011年）、『教えよう日本語』（凡人社、2016年、共著）、『よくわかる言語発達 改訂新版』（ミネルヴァ書房、2017年、共著）、『用法基盤モデルから辿る第一・第二言語の習得段階—スロット付きスキーマ合成仮説が示す日本語の文法—』（風間書房、2018年）、『学習者コーパスと日本語教育研究』（くろしお出版、2019年、共著）、ほか。

【タスク編 執筆者】

大竹 文美（おおたけ・あやみ）

横浜国立大学大学院教育学研究科日本語教育修士課程修了。中国遼寧省鞍山師範学院日本語学科講師を経て、外語ビジネス専門学校にて日本語講師。国語総合教室で日本人児童と JSL 児童への国語指導。幼児の思考力を伸ばすタスクを開発。≪主著≫「JSL 児童の算数的思考力と日本語能力を統合的に伸長させる指導法」『言語習得と日本語教育』第 1 号（2021 年）。

安田 佳実（やすだ・かしる）

聖心女子大学文学部日本語日本文学科卒業。横浜国立大学大学院教育学研究科日本語教育修士課程修了。日本語学校にて日本語講師。国語総合教室で日本人児童と JSL 児童に国語指導と日本語指導。≪論文≫「バイリンガルの日英混交発話の分析と考察—統語・機能双方の視点から—」（修士論文・未公刊）。

認知・言語理論から日本語教育実践へ
——類推タスクアイデア 29——

2023 年 4 月 1 日　初版発行
2024 年 4 月 1 日　二刷発行

編著者　**橋本ゆかり**　はしもと ゆかり

発行者　三浦衛

発行所　**春風社** *Shumpusha Publishing Co.,Ltd.*
横浜市西区紅葉ヶ丘 53　横浜市教育会館 3 階
〈電話〉045-261-3168　〈FAX〉045-261-3169
〈振替〉00200-1-37524
http://www.shumpu.com　✉ info@shumpu.com

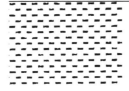

イラスト・カバーデザイン　橋本 紋
印刷・製本　シナノ書籍印刷株式会社

乱丁・落丁本は送料小社負担でお取り替えいたします。
©Yukari Hashimoto. All Rights Reserved. Printed in Japan.
ISBN 978-4-86110-874-7 C0037 ¥1800E